Pocket-Sprachkurs

KOREANISCH

Lernen in kleinen Portionen
Mit Audio-Download

von
Eun-Kyung Ko

PONS
Pocket-Sprachkurs
KOREANISCH
Lernen in kleinen Portionen
Mit Audio-Download

von Eun-Kyung Ko

3. Auflage 2025

Redaktion: Moon-Ey Song, Angela de Riese
Logoentwurf: Erwin Poell, Heidelberg
Logoüberarbeitung: Sabine Redlin, Ludwigsburg
Einbandgestaltung: Mariela Schwerdt, Design & Feinschliff Studio
Layout: Meike Elsasser, Hildrizhausen
Satz: Design Depot Ltd., www.design-depot.eu
Druck und Bindung: Multiprint Ltd., Kostinbrod

ISBN: 978-3-12-562339-2

Sie möchten in kleinen Portionen erste Kenntnisse in Koreanisch erlangen? Mit dem **Pocket-Sprachkurs Koreanisch** haben Sie zwei Möglichkeiten, um schnell und einfach zu lernen - je nachdem, wie viel Zeit Sie aufwenden möchten.

1. Sie haben nicht viel Zeit? Kein Problem!

Beginnen Sie direkt mit den **MITREDEN!-Seiten**. Die zehn farbig hinterlegten Seiten, die im ganzen Buch verteilt sind, fassen die wichtigsten Wörter und Sätze zusammen.

- Sie lernen das Allerwichtigste, um sich vor Ort zu verständigen.
- Sie können die für Sie wichtigen Themen in beliebiger Reihenfolge lernen.

MITREDEN!

2. Sie möchten tiefer einsteigen? Auch kein Problem!

Mit den **25 Mini-Lektionen** können Sie ganz einfach Grundkenntnisse in Koreanisch erlangen und mitreden.

- Jede Lektion besteht aus vier Seiten. Hier werden alle wichtigen **Themen rund um Urlaub und Alltag** behandelt.
- In den **Übungen** können Sie das Gelernte sofort trainieren.
- Die **Lösungen** dazu finden Sie immer auf der rechten Seite unten.

Folgende **Symbole** werden Ihnen im Buch begegnen:

verweist auf die zugehörige MP3-Hördatei, die Sie unter **www.pons.de/pocket-sprachkurs-KR** finden.

§ verweist auf ein Grammatikthema, das in der allgemeinen Grammatik im Anhang ausführlicher erklärt wird.

verweist auf interkulturelle Tipps, die Ihnen Informationen zu Land und Leuten geben.

Im **Anhang** des Buches finden Sie

- **die Grammatik:** Alle im Kurs behandelten Grammatikthemen werden hier anschaulich erklärt.
- **den Lektionswortschatz:** Hier können Sie den thematischen Wortschatz lektionsweise mitlernen.
- **die alphabetische Wortliste:** Hier können Sie nachschlagen, wenn Sie ein Wort nicht verstehen.

Viel Spaß und Erfolg!
Ihre PONS-Redaktion

ANHANG

Grund- und Doppelkonsonanten  1

Konsonant	Umschrift	Aussprache	
ㄱ	g/k	Wortanfang: zw. [g] und [k] Wortmitte: [g]	- E**g**o
ㄴ	n	[n]	**N**ame
ㄷ	d/t	Wortanfang: zw. [d] und [t] Wortmitte: [d]	- I**d**ee
ㄹ	r/l	Wortanfang sowie zw. Vokalen: bayerisches /r/ Wortende: [l]	Ma**r**ia Ta**l**
ㅁ	m	[m]	**M**ama
ㅂ	b/p	Wortanfang: zw. [b] und [p] Wortmitte: [b]	- **B**us
ㅅ	s	[s] Vor dem Vokal „ ㅣ ": [ʃ]	**S**tar Su**shi**
ㅇ	-/ng	Vor Vokalen: Platzhalter Sonst: [ŋ]	- A**ng**el
ㅈ	j	[dʒ]	**G**in
ㅊ	ch	[tʃ]	**Ch**ips
ㅋ	k	[k]	**K**ino
ㅌ	t	[t]	**T**est
ㅍ	p	[p]	**P**apa
ㅎ	h	[h]	**H**aus
ㄲ	kk	gespanntes [k]	
ㄸ	tt	gespanntes [t]	
ㅃ	pp	gespanntes [p]	
ㅆ	ss	gespanntes [s]	
ㅉ	jj	gespanntes [dʒ]	

Grundvokale und zusammengesetzte Vokale  2

Vokal	Umschrift	Aussprache	
ㅏ	a	[a]	**A**bend
ㅑ	ya	[ja]	**Ja**guar
ㅓ	eo	[ʌ]	f**u**n
ㅕ	yeo	[jʌ]	**Jo**ch
ㅗ	o	[o]	**o**ben
ㅛ	yo	[jo]	**Jo**d
ㅜ	u	[u]	**U**fer
ㅠ	yu	[ju]	**you**
ㅡ	eu	[ɯ]	sudd**e**n
ㅣ	i	[i]	**I**gel
ㅐ (ㅏ + ㅣ)	ae	[æ]	**Ä**pfel
ㅒ (ㅑ + ㅣ)	yae	[jæ]	**Jä**ger
ㅔ (ㅓ + ㅣ)	e	[e]	**E**thik
ㅖ (ㅕ + ㅣ)	ye	[je]	**je**ne
ㅘ (ㅗ + ㅏ)	wa	[wa]	**wo**w
ㅙ (ㅗ + ㅐ)	wae	[wae]	**wa**gon
ㅚ (ㅗ + ㅣ)	oe	[œ]	**ö**ffnen
ㅝ (ㅜ + ㅓ)	weo	[wʌ]	**wa**ter
ㅞ (ㅜ + ㅔ)	we	[we]	**we**ll
ㅟ (ㅜ + ㅣ)	wi	[wi]	**wee**kend
ㅢ (ㅡ + ㅣ)	ui	[ɯi]	hintereinander gesprochen

1

Eine koreanische Silbe besteht aus mindestens einem Konsonanten und einem Vokal. **Senkrechte Vokale** (**ㅣ ㅏ ㅐ ㅒ ㅓ ㅔ ㅕ ㅖ**) werden rechts an den Konsonanten angefügt, z. B.: 기 바 매 얘 너 데. **Waagerechte Vokale** (**ㅡ ㅗ ㅛ ㅜ ㅠ**) stehen unter dem Konsonanten, z. B.: 그 도 묘 부 유. Bei den zusammengesetzten Vokalen (**ㅚ ㅘ ㅙ ㅝ ㅟ ㅞ ㅢ**) steht der Konsonant links oben beim Vokal, z. B.: 외 과 돼 뷔.

2

Der Konsonant **ㅇ** als erster Buchstabe einer Silbe hat keinen Laut und steht dort als Platzhalter, z. B.: **아** [a], **여** [jʌ], **애** [ae], **와** [wa]. Beim Schreiben eines koreanischen Buchstaben oder einer koreanischen Silbe sollte die Regel der Schreibrichtung beachtet werden: **von links nach rechts und von oben nach unten.**

3  3

Lesen Sie die Umschrift laut vor und schreiben Sie das entsprechende koreanische Wort.

1. nara 나라 **2.** podo ______ **3.** gudu ______

4. namu ______ **5.** moja ______ **6.** binu ______

4

Ordnen Sie die Umschriften den koreanischen Wörtern zu.

1. sagwa	___ **A** 회사
2. meori	___ **B** 바나나
3. ikki	___ **C** 사과
4. yagu	___ **D** 머리
5. yori	___ **E** 돼지
6. banana	___ **F** 시계
7. jeogi	___ **G** 의자
8. uyu	___ **H** 이끼
9. hoesa	___ **I** 저기
10. uija	___ **J** 야구
11. sigye	___ **K** 우유
12. dwaeji	___ **L** 요리

LÖSUNG

3 2포도; 3구두; 4나무; 5모자; 6비누 • **4** 1C; 2D; 3H; 4J; 5L; 6B; 7I; 8K; 9A; 10G; 11F; 12E

Eine Silbe kann auch aus drei Buchstaben (Konsonant + Vokal + Konsonant) bestehen, wobei der dritte Buchstabe (Auslaut) immer unterhalb der ersten zwei Buchstaben steht: 강, 산, 딸기.

Diese dritten Buchstaben werden in sieben Lauten ausgesprochen:

Konsonanten	Aussprache	Konsonanten in Silben
ㄱ, ㄲ, ㅋ	[-k]	국 [guk] 밖 [bak] 부엌 [bueok]
ㄴ	[-n]	산 [san] 문 [mun] 만 [man]
ㄷ, ㅅ, ㅆ, ㅈ, ㅊ, ㅌ, ㅎ	[-t]	곧 [got] 맛 [mat] 있 [it] 낮 [nat] 꽃 [kkot] 밭 [bat] 히읗 [hieut]
ㄹ	[-l]	달 [dal] 말 [mal] 발 [bal]
ㅁ	[-m]	감 [gam] 댐 [daem] 밤 [bam]
ㅂ, ㅍ	[-p]	밥 [bap] 집 [jip] 앞 [ap] 숲 [sup]
ㅇ	[-ng]	강 [gang] 방 [bang] 공 [gong]

Achtung! Die Konsonanten ㄸ, ㅃ und ㅉ werden nicht als Auslaut benutzt.

6

Lesen Sie die koreanischen Wörter laut vor und kreuzen Sie je Zeile zwei Wörter an, die **im Auslaut** die in eckigen Klammern angegebene Aussprache enthalten.

1. [t]	**A** 부엌	**B** 꽃병	**C** 강물	**D** 인터넷
2. [p]	**A** 방문	**B** 배달	**C** 김밥	**D** 무릎
3. [ng]	**A** 선물	**B** 링크	**C** 백화점	**D** 공원
4. [k]	**A** 한국	**B** 알람	**C** 화산	**D** 밖
5. [l]	**A** 쇼핑	**B** 약국	**C** 이메일	**D** 얼굴
6. [m]	**A** 만두	**B** 엄마	**C** 컴퓨터	**D** 반찬
7. [n]	**A** 우산	**B** 서울	**C** 온라인	**D** 택시

7

Neben den Grund- und Doppelkonsonanten gibt es im Koreanischen auch elf zusammengesetzte Konsonanten (ㄳ, ㄵ, ㄶ, ㄺ, ㄻ, ㄼ, ㄽ, ㄾ, ㄿ, ㅀ, ㅄ), die nur als Auslaute benutzt werden. Bei ㄺ, ㄻ, ㄿ wird meist der zweite Konsonant ausgesprochen, bei den restlichen der erste.

LÖSUNG

6 1BD; 2CD; 3BD; 4AD; 5CD; 6BC; 7AC

Wenn im Koreanischen zwei Silben aufeinandertreffen, sind an der Silbengrenze oft Besonderheiten zu beachten. Unten werden wichtige Sonderausspracheregeln vorgestellt. In den eckigen Klammern wird die Aussprache angegeben.

2

Wenn ein Auslaut an der Silbengrenze auf den Platzhalter ㅇ trifft, wird der Auslaut in der nächsten Silbe ausgesprochen. Bei den zusammengesetzten Konsonanten wird der **zweite** Konsonant hinübergezogen: 삶이 [살**미**]

3 6

Wie werden die Wörter ausgesprochen? Ordnen Sie zu.

1. 남산이	___ **A** [도길]
2. 있어	___ **B** [안자]
3. 꽃을	___ **C** [남사니]
4. 앉아	___ **D** [이써]
5. 독일	___ **E** [꼬츨]

4

Wenn an der Silbengrenze zwei Konsonanten aufeinandertreffen, wird sehr oft der Konsonant in der zweiten Silbe verstärkt ausgesprochen: 학교 [학**꾜**]

5 7

Ordnen Sie die Wörter der richtigen Aussprache zu und sprechen Sie sie laut aus.

1. 책상	___ **A** [업써요]
2. 식당	___ **B** [십뿐]
3. 없어요	___ **C** [닥뽀끔]
4. 닭볶음	___ **D** [넘따]
5. 십분	___ **E** [식땅]
6. 넘다	___ **F** [책쌍]

6

Im Koreanischen gibt es grundsätzlich keine Laute wie [f] oder [w]. Diese Laute werden jeweils als [**ㅍ**] und [**ㅂ**] ausgesprochen: Frankfurt [**프**랑크**푸**르트], Wagen [**바**겐], Weimar [**바**이마르], Philadelphia [**필**라델**피**아].

LÖSUNG

3 1C; 2D; 3E; 4B; 5A • **5** 1F; 2E; 3A; 4C; 5B;6D

Hier sind noch einige Ausspracheregeln:

Folgt auf den Auslaut ㅂ der Konsonant ㄴ, wird ㅂ als [m] ausgesprochen: 감사**합니**다 [감사**함**니다]

Wenn ㄴ und ㄹ an der Silbengrenze aufeinandertreffen, ergeben sie immer [ll]:

신라 [**실라**], 팔년 [**팔련**]

Treffen **zwei ㄹ** aufeinander, z. B. 달력, werden sie ebenfalls als [ll] ausgesprochen.

Der Konsonant ㅎ wird zwischen ㄴ/ㅁ/ㄹ/ㅇ und einem Vokal sowie zwischen Vokalen **kaum** ausgesprochen: 좋아요 [**조**아요], 전화 [저**놔**]

Wenn ㄱ/ㄷ/ㅂ/ㅈ im Auslaut mit dem Konsonanten ㅎ an der Silbengrenze aufeinandertreffen, ergeben sie jeweils ㅋ/ㅌ/ㅍ/ㅊ: 백화점 [배**콰**점], 맏형 [마**텽**]

Wenn ㅎ im Auslaut und die Konsonanten ㄱ/ㄷ/ㅈ an der Silbengrenze aufeinandertreffen, ergeben sie ㅋ/ㅌ/ㅊ: 좋지 [조**치**], 좋고 [조**코**]

8 9

Ordnen Sie die Wörter der entsprechenden Aussprache zu.

1. 말하다	___ **A** [할라]
2. 좋다	___ **B** [마라다]
3. 입니다	___ **C** [구쾨]
4. 한라	___ **D** [조타]
5. 국회	___ **E** [임니다]

9 10

Suchen Sie in den Wortschlangen die koreanischen Namen der deutschen Landeshauptstädte.

1. Berlin	곰그워자우베를린래다금래헤둬
2. Hamburg	파스반캬키호죠함부르크커차초
3. München	뮈트후단겨루혜교누펴만뮌헨해
4. Düsseldorf	당크유라캐뒤셀도르프파카소미
5. Stuttgart	상마패저뷰프영수슈투트가르트

LÖSUNG

8 1B; 2D; 3E; 4A; 5C **9** 1베를린; 2함부르크; 3뮌헨; 4뒤셀도르프; 5슈투트가르트

Begrüßen & Vorstellen  11

안녕하세요?	Hallo!
(저는) ...예요/이에요.	Ich bin ... / Ich heiße ... .
이름이 뭐예요?	Wie heißen Sie?
어떻게 지내요?	Wie geht es Ihnen?
잘 지내요.	Mir geht es gut.
어느 나라 사람이에요?	Woher kommen Sie?
(저는) ... 사람이에요.	Ich komme aus ... .
반갑습니다.	Freut mich (Sie kennenzulernen).

Länder  12

독일	Deutschland	**한국**	Südkorea
프랑스	Frankreich	**스위스**	die Schweiz
중국	China	**영국**	England
오스트리아	Österreich	**일본**	Japan
이탈리아	Italien	**미국**	die USA

Die sinokoreanischen Zahlen bis 10.000 13

0	영/공	*6*	육	*12*	십이	*200*	이백
1	일	*7*	칠	⋮		⋮	
2	이	*8*	팔	*20*	이십	*1.000*	천
3	삼	*9*	구	⋮		*2.000*	이천
4	사	*10*	십	*90*	구십	⋮	
5	오	*11*	십일	*100*	백	*10.000*	만

Weitere wichtige Wörter  14

네
ja

감사합니다
Vielen Dank

아니에요
Nichts zu danken

미안합니다
Es tut mir leid

아니요
nein

괜찮아요
Das macht nichts

좀
bitte

실례합니다
Entschuldigung

Die wohl gängigste koreanische Begrüßung ist **안녕하세요** (informell-höflich), wörtlich übersetzt: *Befinden Sie sich im Wohl?* Die formell-höfliche Form ist **안녕하십니까**; unter Freunden sagt man **안녕**. Letzteres sagt man auch zum Abschied. Als Satzzeichen kann am Ende entweder ein Fragezeichen oder ein Punkt stehen. Der informell-höfliche Abschiedsgruß lautet **안녕히 가세요/계세요**: *Gehen/Bleiben Sie im Wohl*. **안녕히 계세요** wird von der Person verwendet, die (weg)geht, während die bleibende Person **안녕히 가세요** sagt. Dasselbe gilt bei der formell-höflichen Form **안녕히 가십시오/계십시오** sowie **잘 가/잘 있어** unter Freunden.

Achtung! Tageszeitenspezifische Grüße gibt es in Korea nicht.

Grüße der höflichen Formen werden generell von einer leichten Verbeugung begleitet. Mittlerweile begrüßen und verabschieden sich immer mehr Menschen zusätzlich mit einem Händedruck.

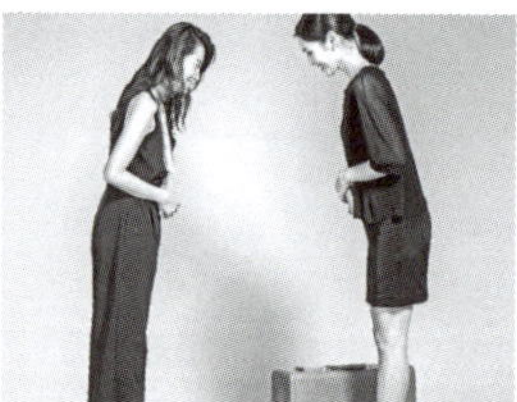

Sie können sich wie folgt vorstellen:

저는 (이) 인욱이에요. *Ich heiße Inuk (Lee).*

저는 (캄) 레나예요. *Ich bin Lena (Kam).*

Achtung! Bei den koreanischen Namen kommt zuerst der Nachname, dann der Vorname. Stellt sich eine Person mit einem nicht-koreanischen, z. B. deutschen Namen vor, würde sie normalerweise nur den Vornamen nennen.

So können Sie jemand anderen vorstellen:

레나 씨, 이분이 인욱 씨예요. *Lena, das ist Inuk.*

인욱 씨, 이분이 레나 씨예요. *Inuk, das ist Lena.*

씨 ist eine höfliche Anrede und grob vergleichbar mit „Herr" oder „Frau" im Deutschen. Sie wird entweder an den Vornamen oder an den ganzen Namen mit einem Leerzeichen angehängt. Mit dem Nachnamen allein benutzt man **씨** nicht, da dies als abwertend gesehen wird, was bei ausländischen Namen allerdings nicht der Fall ist. Auch benutzt man **씨** nicht für sich selbst.

5 § 2

-예요/-이에요 ist die informelle Höflichkeitsstufe des Verbes **이다** *sein.* Im Unterschied zu allen anderen koreanischen Verben hängt man **-예요/-이에요 direkt** an das Nomen an. Wenn ein Nomen auf einem Vokal endet, hängt man **예요** an, bei einem Konsonanten **이에요**.

6 18

Hängen Sie -**예요**/-**이에요** an.

1. 이분이 소라 씨예요? — 네, 이분이 이 소라 씨______.
2. 소라 씨는 한국 사람이에요? — 네, 한국 사람______.
3. 이분이 레나 캄 씨예요? — 네, 이분이 레나 캄 씨______.

7

Nur eine Antwort ist richtig. Kreuzen Sie an.

1. Wie heißt die gängigste Begrüßung in Korea?

- A 안녕?
- B 안녕하세요?
- C 안녕하십니까?

2. Wie fragt man danach, wie es jemandem geht?

- A 안녕히 가세요.
- B 잘 가.
- C 어떻게 지내요?

3. Wie stellt man sich selbst vor?

- A 이분이 크리스 씨예요.
- B 저는 레나예요.
- C 안녕히 계세요.

4. Was sagt man zum Abschied der Person, die bleibt?

- **A** 안녕히 계십시오.
- **B** 또 만나요.
- **C** 안녕히 가세요.

5. Wie stellt man jemanden einer anderen Person vor?

- **A** 이분이 이 인욱 씨예요.
- **B** 반갑습니다.
- **C** 잘 지내요.

8 19

Ergänzen Sie den Dialog mit den fehlenden Wörtern:

반갑습니다 • 이분이 • 안녕하세요 • 씨예요

나래: 안녕하세요, 다니엘 씨.

다니엘: **1.** ________________, 나래 씨.

나래: 다니엘 씨, 이분이 민수 **2.** ____________.
민수 씨, **3.** ________ 다니엘 씨예요.

다니엘: 안녕하세요, 민수 씨.
4. ____________________.

LÖSUNG

6 1예요; 2이에요; 3예요 • **7** 1B; 2C; 3B; 4A; 5A • **8** 1안녕하세요; 2씨예요;
3이분이; 4반갑습니다

1

Ordnen Sie die Ländernamen ihrer deutschen Übersetzung zu.

1. 프랑스	___ **A** England
2. 한국	___ **B** China
3. 독일	___ **C** die USA
4. 이탈리아	___ **D** Südkorea
5. 중국	___ **E** Frankreich
6. 미국	___ **F** Japan
7. 영국	___ **G** Italien
8. 일본	___ **H** Deutschland

2

Die Bezeichnungen für Nationalitäten und Sprachen kann man auf folgende Weise bilden: Für die Nationalität hängt man an den Ländernamen das Wort **사람** *Mensch* an: **한국** *Südkorea* + **사람** = **한국 사람** *Südkoreaner/in*; bei Sprachen wird direkt an den Ländernamen die Silbe **어** von **언어** *Sprache* angehängt: **한국** + **어** = **한국어** *Koreanisch*. Das Englische bildet eine Ausnahme: Es heißt nicht **영국어**, sondern einfach **영어**.

3 20

Welche Sprache sprechen diese Menschen?

1. 레온 씨는 독일 사람이에요. ____________
2. 캐티 씨는 영국 사람이에요. ____________
3. 케빈 씨는 미국 사람이에요. ____________
4. 야핑 씨는 중국 사람이에요. ____________

4 21

Um zu erfahren, woher Ihr Gesprächspartner kommt, können Sie fragen: **어느 나라 사람이에요?** Die Antwort kann lauten: **(저는) 한국 사람이에요.** Möchten Sie fragen, ob die Person aus einem bestimmten Land kommt, so können Sie fragen: **한국 사람이에요?** Ihr Gesprächspartner kann antworten - **네, (저는) 한국 사람이에요.** *Ja, ich bin Koreaner/in.* / **아니요, (저는) 독일 사람이에요.** *Nein, ich bin Deutsche/r.*

5 § 3,4

저 ist die höfliche Form des Pronomens **나** *ich*. **는** ist die Themapartikel. Mit **저는** betont man die eigene Person und kann die Gegensätze zu einer anderen Person ausdrücken.

Achtung! 저는 kann weggelassen werden, wenn die Situation aus dem Kontext heraus eindeutig ist.

LÖSUNG

1 1E; 2D; 3H; 4G; 5B; 6C; 7A; 8F • **3** 1독일어; 2영어; 3영어; 4중국어

6 22, 23

이름 *Name*: 김하나

생년월일 *Geburtsdatum*: 1991.12.21

나이 *Alter*: 29

핸드폰 *Handy: 010-8412-3756*

주소 *Adresse*: 중산로 8

Im Koreanischen gibt es zwei Zahlensysteme: Die sinokoreanischen Zahlen, die hauptsächlich für Nummern, Datum und Preise verwendet werden, und die koreanischen Zahlen, die beim Aufzählen von Gegenständen oder für die Angabe des Alters und der Stunde benutzt werden.

Die koreanischen Zahlen:

1 하나	**6** 여섯	**11** 열하나	**30** 서른	**80** 여든
2 둘	**7** 일곱	**12** 열둘	**40** 마흔	**90** 아흔
3 셋	**8** 여덟	⋮	**50** 쉰	**95** 아흔다섯
4 넷	**9** 아홉	**19** 열아홉	**60** 예순	**99** 아흔아홉
5 다섯	**10** 열	**20** 스물	**70** 일흔	

Schauen Sie sich die Angaben über Hana in Übung 6 an und beantworten Sie die folgenden Fragen.

7 24

Bei Telefonnummern liest man die Null als **공**, den Bindestrich als **에**: 370-2618 → 삼칠공에 이육일팔.

Wie lautet die Handynummer von Hana?

____

8 25

Im Koreanischen kommt beim Geburtsdatum zuerst das Jahr (**년**), dann der Monat (**월**), dann der Tag (**일**): 2020년 2월 2일.

Wann ist Hana geboren? Schreiben Sie ihr Geburtsdatum nach dem obigen Beispiel.

____

9 § 18 26

Beim Alter nimmt man die koreanischen Zahlen, dazu das Zählwort **살**: 서른일곱 살 (37)

Wie alt ist Hana? ________________________

LÖSUNG

7 공일공에 팔사일이에 삼칠오육 • **8** 1991년 12월 21일 • **9** 스물아홉 살

Familie und Freunde  27

여자	남자	여자아이	남자아이
Frau	*Mann*	*Mädchen*	*Junge*

아내	Ehefrau	할머니	Großmutter
남편	Ehemann	할아버지	Großvater
딸	Tochter	언니	ältere Schwester einer weiblichen Person
아들	Sohn	누나	ältere Schwester einer männlichen Person
부모	Eltern	오빠	älterer Bruder einer weiblichen Person
아이(들)	Kind(er)	형	älterer Bruder einer männlichen Person
어머니	Mutter	동생	jüngerer Bruder / jüngere Schwester
아버지	Vater	가족	Familie

친척	Verwandte/r	**기혼**	verheiratet
미혼	ledig	**이혼**	geschieden

친구	Freund/in	**동료**	Kollege/Kollegin
남(자)친(구)	fester Freund	**이웃**	Nachbar/in
여(자)친(구)	feste Freundin		

Berufe 28

의사
Arzt/Ärztin

회사원
Firmenangestellte/r

선생님
Lehrer/in

택시기사
Taxifahrer/in

미용사
Friseur/Friseurin

학생
Schüler/in

Nach dem Beruf kann man im Koreanischen wie folgt fragen: **직업이 뭐예요?** *Was ist Ihr Beruf?* - **(저는) 의사예요.** *Ich bin Arzt/Ärztin. Oft fragt man auch:* **어디에서 일해요?** *Wo arbeiten Sie?* - **...에서 일해요.** *Ich arbeite bei/in ... .* **에서** *in/bei* ist eine Ortspartikel, die direkt an den Ort angehängt wird, und nach der nur ein Handlungsverb stehen kann: **학교에서 공부해요.** *Ich lerne in der Schule.*

Sprechen Sie die Berufsbezeichnungen laut aus. Schreiben Sie diese anschließend unter das entsprechende Bild.

점원 *Verkäufer/in*	**약사** *Apotheker/in*
경찰관 *Polizist/in*	**변호사** *Anwalt/Anwältin*
기술자 *Techniker/in*	**요리사** *Koch/Köchin*

1. ____________  2. ____________ 3. ____________

4. ____________ 5. ____________ 6. ____________

3 30

Sie haben einige Berufsbezeichnungen kennengelernt. Schreiben Sie jeweils die passende Bezeichnung in die Lücken.

Bsp.: 저는 **회사**에서 일해요. → 저는 회사원이에요.

Ich arbeite bei einer Firma.

1. 인욱 씨는 **병원**에서 일해요. 인욱 씨는 ________ 예요.

   Inuk arbeitet in einem Krankenhaus.

2. 레나 씨는 **약국**에서 일해요. 레나 씨는 ________ 예요.

   Lena arbeitet in einer Apotheke.

3. 아버지는 **경찰서**에서 일해요. 아버지는 ________ 이에요.

   Der Vater arbeitet bei der Polizei.

4. 언니는 **학교**에서 일해요. 언니는 ________ 이에요.

   Die ältere Schwester arbeitet in einer Schule.

5. 어머니는 **음식점**에서 일해요. 어머니는 ________ 예요.

   Die Mutter arbeitet in einem Restaurant.

LÖSUNG

2 1기술자 2요리사 3변호사 4약사 5점원 6경찰관 • **3** 1의사; 2약사; 3경찰관; 4선생님; 5요리사

4

Im Koreanischen gibt es bei den Berufsbezeichnungen keine eigenständigen männlichen oder weiblichen Formen. **가수** kann sowohl *Sängerin* als auch *Sänger* bedeuten. Je nach Situation kann man jedoch **여자** *Frau* oder **남자** *Mann* vor die Berufsbezeichnung stellen: **여자 가수, 남자 가수; 여자 선생님, 남자 선생님.**

5

Berufe, für die ein spezielles Fachwissen oder eine Zulassung benötigt wird, enden im Koreanischen oft mit **사**. In „Mitreden! - Personen und Berufe" sowie auf den letzten zwei Seiten haben Sie ein paar solcher Berufsbezeichnungen kennengelernt. Schauen Sie sich diese nochmal an und schreiben Sie zu den deutschen Übersetzungen unten jeweils das koreanische Pendant.

1. ______________ *Koch/Köchin*

2. ______________ *Friseur/in*

3. ______________ *Apotheker/in*

4. ______________ *Arzt/Ärztin*

5. ______________ *Anwalt/Anwältin*

6 

Welche Antwort passt zur Frage? Ordnen Sie zu.

1. 직업이 뭐예요?
2. 변호사예요?
3. 어디에서 일해요?
4. 이분이 미용사예요?
5. 병원에서 일해요?

___ **A** 네, 저는 변호사예요.
___ **B** 아니요, 요리사예요.
___ **C** 네, 병원에서 일해요.
___ **D** 점원이에요.
___ **E** 백화점에서 일해요.

7

Suchen Sie in den Wortschlangen die deutsche Übersetzung der Berufsbezeichnungen.

1. 선생님 DFLCTZPWLEHRERMBBQWEQLK
2. 약사 BPADKWOMNCAPOTHEKERZOAC
3. 택시기사 XPWTAXIFAHRERMQCVHJDFKTUA
4. 가수 JONDCBMDSÄNGERINMMNGEAXI
5. 점원 WHOVERKÄUFERINLLRLZZUASAA

LÖSUNG

5 1요리사; 2미용사; 3약사; 4의사; 5변호사 • **6** 1D; 2A; 3E; 4B; 5C •
7 1Lehrer; 2Apotheker; 3Taxifahrer; 4Sängerin; 5Verkäuferin

1

Hier sehen Sie Begriffe, die zur Wortgruppe Familie und Freundeskreis gehören. Ordnen Sie die Wörter so zu, dass sie ein „Paar" bilden.

1. 딸 *Tochter*	___ **A** 아이들 *Kinder*
2. 남편 *Ehemann*	___ **B** 남자 *Mann*
3. 할머니 *Großmutter*	___ **C** 아들 *Sohn*
4. 남자친구 *fester Freund*	___ **D** 아빠 *Papa*
5. 엄마 *Mama*	___ **E** 여자아이 *Mädchen*
6. 부모 *Eltern*	___ **F** 할아버지 *Großvater*
7. 남자아이 *Junge*	___ **G** 여자친구 *feste Freundin*
8. 여자 *Frau*	___ **H** 아내 *Ehefrau*

2 32

In dieser Aufgabe sollen Sie zunächst lediglich die Lücken mit den Wörtern aus 1 füllen. Die folgenden Übungen werden Ihnen dann helfen, die weiteren Satzteile zu verstehen.

1. 저하고 제 아내는 ________이 있어요.

   Ich und meine Frau haben **Kinder**.

2. 저는 아이들의 ______예요.

   Ich bin der **Papa** *der Kinder.*

3. 그리고 제 아내는 아이들의 ______예요.

   Und meine Frau ist die **Mama** *der Kinder.*

4. 제 아내는 ______가 있어요.

   Meine Frau hat einen **älteren Bruder**.

5. 저는 ______이 없어요.

   Ich habe keinen **älteren Bruder**.

3  4

Im Koreanischen lassen sich Besitz und Zugehörigkeit mit **의** ausdrücken: 아이들**의** 할머니 *die Großmutter der Kinder;* 서아 씨**의** 언니 *die ältere Schwester von Seoa*

LÖSUNG

1 1C; 2H; 3F; 4G; 5D; 6A; 7E; 8B • **2** 1아이들; 2아빠; 3엄마; 4오빠; 5형

Übersetzen Sie.

1. *der Nachbar eines Freundes* ______________________

2. *die Freundin von Minsu* ______________________

3. *der Kollege der Tochter* ______________________

4. *der Lehrer des Kindes* ______________________

Um ein Subjekt zu bilden, hängt man **이/가** an ein Nomen an. Wenn das Nomen auf einem Vokal endet, hängt man **가** an, sonst **이**: 이분**이** 레나 씨예요. *Das ist Lena.*; 제 친구**가** 삼성에서 일해요. *Ein Freund von mir arbeitet bei Samsung.*

In Übung 2 haben Sie das Verb **있어요/없어요** *haben/nicht haben* kennengelernt. Wie die Aufgabe zeigt, kann vor **있어요/없어요** nur ein Nomen mit **이/가** *oder* **은/는** stehen. An die Person, zu der etwas gehört, wird **은/는** angehängt, um Besitz anzuzeigen. Wenn das Nomen auf einem Vokal endet, hängt man **는** an, sonst **은**: 제 남편**은** 누나**가** 있어요. *Mein Mann hat eine ältere Schwester.*

7 34

Hier sehen Sie wichtige Bindewörter und Partikel.

그리고	*und*
그런데	*aber*
그래서	*deswegen*
하고 (Partikel)	*und*

8 35

Lesen Sie, was Seoa über ihre Familie und Freunde erzählt. Wählen Sie die richtige Partikel aus und hängen Sie sie an.

하고 • 는 • 이 • 의 • 가 • 은

저는 오빠하고 언니____ **1.** 있어요. 그리고 동생이 있어요.

오빠____ **2.** 아내하고 딸이 있어요. 네 살(4 Jahre alt)이에요.

언니____ **3.** 저는 미혼이에요. 언니 이름____ **4.** 서현이에요.

제 친구 소라____ **5.** 남편은 중국 사람이에요.

이름이 하오예요. 소라하고 하오는 아이들____ **6.** 있어요.

LÖSUNG

4 1친구의 이웃; 2민수의 여자친구; 3딸의 동료; 4아이의 선생님 • **8** 1가; 2는; 3하고; 4은; 5의; 6이

Uhrzeit  36

지금 몇 시예요?
Wie spät ist es jetzt?

세 시예요.
Es ist drei Uhr.
세 시 십오 분이에요.
Es ist Viertel nach drei.
세 시 삼십 분이에요. / 세 시 반이에요.
Es ist halb vier.
세 시 오 분 전이에요.
Es ist fünf vor drei.

반	halb
전	vor
후	nach

오전	Vormittag
오후	Nachmittag

아침	Morgen	**저녁**	Abend
점심	Mittag	**밤**	Nacht

Monate  37

1월	Januar	**7월**	Juli
2월	Februar	**8월**	August
3월	März	**9월**	September
4월	April	**10월**	Oktober
5월	Mai	**11월**	November
6월	Juni	**12월**	Dezember

Am Telefon 38

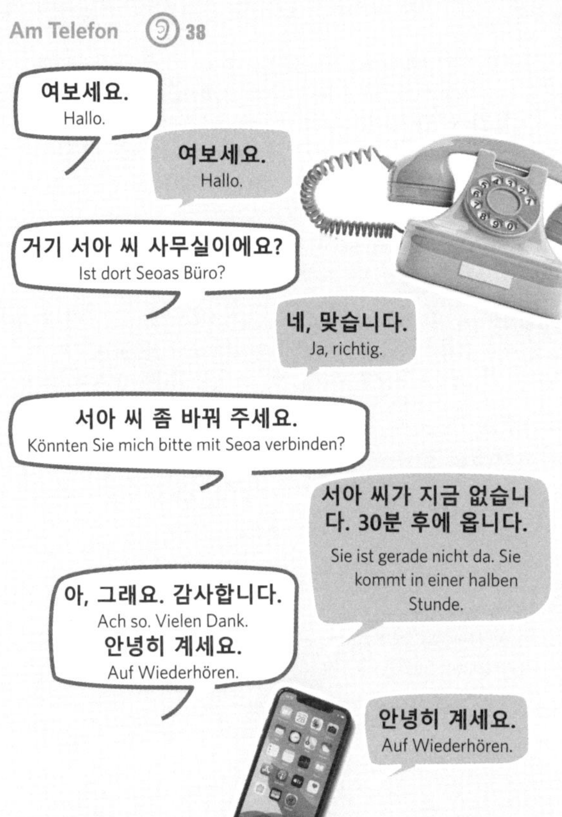

Um die Uhrzeit auf Koreanisch nennen zu können, braucht man für die Stunden (**시**) die koreanischen Zahlen, für die Minuten (**분**) und Sekunden (**초**) die sinokoreanischen Zahlen (Lektion 3 und 4). Im Alltag gilt normalerweise die 12-Stunden-Zählung, sodass z. B. 8 Uhr sowie 20 Uhr als **여덟 시** gelesen werden. Um Verwechslungen zu vermeiden, kann man vor der Uhrzeit die Tageszeiten nennen: **아침 8시** *8 Uhr morgens* oder **저녁 8시** *8 Uhr abends.*

Achtung! Die koreanischen Zahlen 1 bis 4 sowie 20 (**하나**, **둘**, **셋**, **넷** und **스물**) werden vor Zählwörtern abgekürzt:
하나 → 한; 둘 → 두; 셋 → 세; 넷 → 네; 스물 → 스무

한 시 십 분
zehn nach eins

열두 시 반 / 열두 시 삼십 분
halb eins

세 시 사십오 분
viertel vor vier

네 시 십 분 전
zehn vor vier

2

Die sinokoreanischen und koreanischen Zahlen von eins bis zehn. Ergänzen Sie die Reihen.

일 이 1 ___ 사 오 2 ___ 칠 3 ___ 구 십

하나 4 ___ 5 ___ 넷 다섯 6 ___ 일곱 7 ___ 8 ___ 열

지금 몇 시예요? *Wie viel Uhr ist es jetzt?*

Schreiben Sie die Uhrzeit mit **-예요** oder **-이에요**.

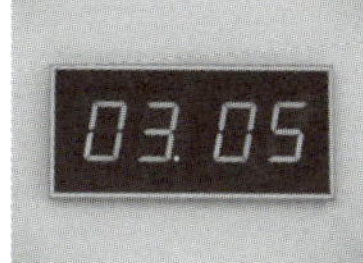

1. 세 시 오 분이에요.

2. ____________________

3. ____________________

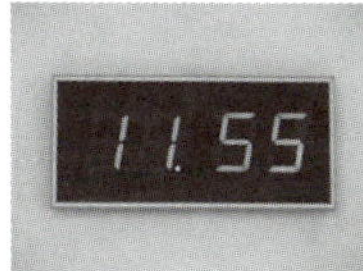

4. ____________________

5. ____________________

6. ____________________

LÖSUNG

2 1삼; 2육; 3팔; 4둘; 5셋; 6여섯; 7여덟; 8아홉 • **3** 2아홉 시 반이에요/아홉 시 삼십 분이에요; 3일곱 시 십오 분이에요; 4열한 시 오십오 분이에요/열두 시 오 분 전이에요; 5한 시 삼십 분이에요/한 시 반이에요; 6네 시 사십 분이에요

Nach dem Datum fragt man im Koreanischen: **오늘이 며칠이 에요**? *Welches Datum ist heute?* Die Antwort darauf lautet: **3월 20일이에요.** *Es ist der 20. März.* Neben Nummern und Preisen benutzt man auch für das Datum die sinokoreanischen Zahlen. Die Jahreszahlen werden wie folgt gelesen: das Jahr 1985: **천구백팔십오년**. Vorsicht: Bei den Zahlen 10 (**십**), 100 (**백**), 1000 (**천**)... kommt kein **일** davor (nicht **일십/일백/일천**, sondern einfach **십/백/천**).

Achtung! Bei der Aussprache der Monatsnamen gibt es zwei Ausnahmen. Juni: 육월(x) **유**월(o); Oktober: 십월(x) **시**월 (o)

5 41

Hier sehen Sie einen Kalender für Dezember. Beantworten Sie auf der nächsten Seite die Fragen dazu.

12월

일	월	화	수	목	금	토
1	2	3 오늘	4	5	6	7
8	9	10	11	12	13	14
15	16	17	18	19	20	21
22	23	24	25	26	27	28
29	30	31 파티				

크리스마스 (→ 25)

Schreiben Sie die Daten auf Koreanisch aus.

1. 오늘이 며칠이에요? *Welches Datum ist heute?*

(오늘은) ________ **월** ________ **일**이에요.

2. 크리스마스가 며칠이에요? *Wann ist Weihnachten?*

(크리스마스는) ________ **월** ______ **일**이에요.

3. 파티가 며칠이에요? *Wann ist die Party?*

(파티는) ________ **월** ________ **일**이에요.

4. 생일*Geburtstag***이 언제***wann***예요?** (Ihr Geburtstag)

________________ **년** ______ **월** ___ **일이에요.**

6 42

Welche Monate gehören zu den vier Jahreszeiten? Schreiben Sie die Namen der Monate aus.

1. 봄 ________________ **2.** 여름 ________________

3. 가을 ________________ **4.** 겨울 ________________

봄 *Frühling* • **여름** *Sommer* • **가을** *Herbst* • **겨울** *Winter*

LÖSUNG

5 1 십이, 삼; 2 십이, 이십오; 3 십이, 삼십일 • **6** 1 삼월, 사월, 오월; 2 유월, 칠월, 팔월; 3 구월, 시월, 십일월; 4 십이월, 일월, 이월

Hier sind einige nützliche Sätze fürs Telefonieren:

여보세요?	*Hallo?*
... 좀 바꿔주세요.	*Ich hätte gerne ... gesprochen.*
잠깐만 기다리세요.	*Warten Sie bitte einen Augenblick.*
실례지만, 누구세요?	*Entschuldigung, wer ist am Apparat?*
네, 바꿔드릴게요.	*Ja, ich verbinde Sie.*
... 좀 전해주시겠어요?	*Könnten Sie ihm/ihr bitte sagen, dass ...?*
다시 말씀해 주실 수 있어요?	*Könnten Sie das bitte wiederholen?*

2 § 5

Es kann sein, dass Ihr Gesprächspartner am Telefon in der formell-höflichen Form spricht. Die formell-höfliche Form wird meist in formellen Situationen und bei offiziellen Anlässen wie geschäftliche Meetings, Kundengesprächen und Nachrichtensendungen verwendet. Die Bildung der Form geht so: Wenn der Verbstamm auf einem Vokal endet, hängt man -**ㅂ니다**/-**ㅂ니까**? an (Aussage/Frage), sonst wird -**습니다**/-**습니까?** (Aussage/Frage) angehängt.

Für das Anfängerniveau reicht die informell-höfliche Form aus. Die nächsten Übungen sollen lediglich dazu dienen, die formell-höfliche Form einmal kennengelernt zu haben.

3 44

Hängen Sie an die Verbstämme jeweils die richtige Endung der formell-höflichen Form an.

1. 예나 씨는 오후에 ____________________ (**오**다).

2. 지금 서아 씨가 ____________________ (**없**다).

3. 저는 선생님 ____________________ (**이**다).

4. 예나 씨가 지금 ____________________ (**있**다)?

5. 네, ____________________ (**맞**다).

LÖSUNG

3 1옵니다; 2없습니다; 3입니다; 4있습니까; 5맞습니다

4 § 19 45

Finden Sie zu den informell-höflichen Sätzen die formell-höfliche Form. Sprechen Sie die Sätze dabei laut aus.

1. 안녕히 계세요.	___	**A** 네, 바꿔드리겠습니다.
2. 잠깐만 기다리세요.	___	**B** 네, 맞습니다.
3. 서아 씨 있어요?	___	**C** 좀 전해주시겠습니까?
4. 네, 바꿔드릴게요.	___	**D** 실례지만, 누구십니까?
5. 아니요, 없어요.	___	**E** 잠깐만 기다리십시오.
6. 네, 맞아요.	___	**F** 서아 씨 있습니까?
7. 좀 전해주시겠어요?	___	**G** 아니요, 없습니다.
8. 실례지만, 누구세요?	___	**H** 안녕히 계십시오.

5

In Korea ist es nicht üblich, dass man zu Beginn eines Privattelefonates seinen Namen nennt. Lassen Sie sich also nicht verunsichern, wenn jemand den Hörer abnimmt und nur **여보세요** sagt.
Beenden kann man ein Telefongespräch mit dem Gruß **안녕히 계세요.**

Die Partikel **-에** bei der Zeitangabe ist mit *um/am/in/zu* im Deutschen vergleichbar. Bei mehreren Zeitangaben wird sie an die letzte Zeitangabe angehängt: 3월 26일 오후 세 시**에** 시간 있어요?

Achtung! 오늘 *heute,* **내일** *morgen,* **어제** *gestern* und **지금** *jetzt* stehen ohne **에**.

Am Telefon macht man unter anderem Termine aus. Können Sie die richtige Übersetzung zuordnen?

1. *Haben Sie am 23. Zeit?*	___ **A** 아니요, 시간 없어요.
2. *Nein, ich habe keine Zeit.*	___ **B** 이십삼일에 시간 있어요?
3. *Wie ist dann der 25.?*	___ **C** 그럼 이십오일 어때요?
4. *Gut.*	___ **D** 오전 열 시에 만나요.
5. *Treffen wir uns um 10 Uhr.*	___ **E** 좋아요.

LÖSUNG

4 1H; 2E; 3F; 4A; 5G; 6B; 7C; 8D • **7** 1B; 2A; 3C; 4E; 5D

Verkehrsmittel  47

버스	Bus	기차	Zug
자동차	Auto	지하철	U-Bahn
비행기	Flugzeug	택시	Taxi
자전거	Fahrrad	배	Schiff

기차로
mit dem Zug

걸어서
zu Fuß

Lagenangaben  48

앞	vorne
뒤	hinten
옆	neben
사이	zwischen
건너편	gegenüber

실례합니다. 서울역이 어디에 있어요?
Entschuldigung. Wo ist der Hauptbahnhof Seoul?

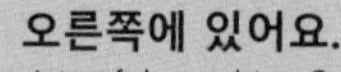

오른쪽에 있어요.
Der ist auf der rechten Seite.

도시	Stadt
건물/빌딩	Gebäude
쇼핑센터	Einkaufszentrum
다리	Brücke
가게	Laden, Geschäft
박물관	Museum
공원	Park

Freizeit  49

오늘 저녁에 춤추러 갈까요?
Wollen wir heute Abend tanzen gehen?

미안해요. 오늘은 시간이 없어요.
Es tut mir leid. Heute habe ich keine Zeit.

그럼 내일은 어때요?
Und wie ist es morgen?

좋아요!
Gerne!

Ordnen Sie die Namen der Verkehrsmittel zu.

1. 자전거 **2. 지하철** **3. 버스** **4. 비행기**

5. 기차 **6. 자동차** **7. 배** **8. 택시**

___ **A** ___ **B** ___ **C** ___ **D**

___ **E** ___ **F** ___ **G** ___ **H**

Die Fortbewegung zu einem Ort mithilfe eines bestimmten Verkehrsmittels lässt sich ausdrücken mit **-(으)로 가요** *mit … gehen/fahren*. **(으)로** kommt direkt an das Verkehrsmittel. Wenn die letzte Silbe des Nomens auf einem Vokal oder auf dem Konsonanten **ㄹ** endet, wird **로** angehängt, sonst **으로**: 버스**로**, 비행기**로**, 지하철**로**; 지하철 6호선 (*Linie 6*)**으로**.

3 50

어떻게 가요? Ergänzen Sie die Lücken.

1. *(zu Fuß)* ____________ 가요.
2. *(mit dem Zug)* ____________ 가요.
3. *(mit der U-Bahn)* ____________ 가요.
4. *(mit dem Auto)* ____________ 가요.
5. *(mit der Linie 3)* ____________ 가요.

4 § 4

Neben der Angabe von Zeit braucht man die Partikel **-에**, wenn es darum geht, dass man zu einem Ort hingeht: 회사**에** 가요, 학교**에** 가요.

5 51

어디에 *wohin* **가요**? Beantworten Sie die Frage.

1. *(zum Kaufhaus)* ____________ 가요.
2. *(zur Apotheke)* ____________ 가요.
3. *(zur Schule)* ____________ 가요.
4. *(ins Restaurant)* ____________ 가요.
5. *(ins Museum)* ____________ 가요.

LÖSUNG

1 1B; 2E; 3F; 4G; 5H; 6A; 7C; 8D • **3** 1걸어서; 2기차로; 3지하철로; 4자동차로; 5 3호선으로 • **5** 1백화점에; 2약국에; 3학교에; 4식당에; 5박물관에

Ordnen Sie die Sätze den deutschen Übersetzungen zu.

1. 스위스에 어떻게 가요?
2. 네, 지하철로 가요.
3. 실례합니다. 병원에 어떻게 가요?
4. 아버지는 자전거로 회사에 가요.
5. 저는 스위스에 비행기로 가요.
6. 지하철 3호선(Linie 3)으로 **가세요** *gehen Sie*.
7. 학교에 지하철로 가요?

___ **A** *Ja, ich nehme die U-Bahn.*

___ **B** *Entschuldigung. Wie komme ich zum Krankenhaus?*

___ **C** *Fährst du mit der U-Bahn zur Schule/Universität?*

___ **D** *Ich fliege mit dem Flugzeug in die Schweiz.*

___ **E** *Mein Vater fährt mit dem Fahrrad zur Firma.*

___ **F** *Fahren Sie bitte mit der U-Bahn-Linie 3.*

___ **G** *Wie fährst du in die Schweiz?*

7 53

Lesen Sie diesen Dialog mithilfe der unten angegebenen Vokabeln, und machen Sie dazu die nächste Übung.

여자: 실례합니다. 기차가 몇 시에 **출발해요**?

직원: 네 시 반에 출발해요.

여자: **갈아타요**?

직원: 아니요, 기차가 **바로** 가요.

여자: 몇 시에 **도착해요**?

직원: 여덟 시 오십 분에 도착해요.

출발하다 *abfahren* • **직원** *Personal* • **갈아타다** *umsteigen* • **바로** *direkt* • **도착하다** *ankommen*

8

Schreiben Sie, ob die Aussagen richtig (r) oder falsch (f) sind.

1. 기차가 3시 30분에 출발해요. ____
2. 기차가 바로 가요. ____
3. 기차가 8시 50분에 도착해요. ____

LÖSUNG

6 1G; 2A; 3B; 4E; 5D; 6F; 7C • **8** 1f; 2r; 3r

Unten sind verschiedene Lagenangaben aufgeführt. Ordnen Sie sie den Übersetzungen zu.

1. 빌딩 건너편에	___ **A** *rechts von der Arztpraxis*
2. 회사 왼쪽에	___ **B** *hinter dem Museum*
3. 가게들 사이에	___ **C** *gegenüber dem Gebäude*
4. 공원 앞에	___ **D** *auf der Brücke*
5. 쇼핑 센터 옆에	___ **E** *links von der Firma*
6. 박물관 뒤에	___ **F** *neben dem Einkaufszentrum*
7. 병원 오른쪽에	___ **G** *vor dem Park*
8. 다리 위에	___ **H** *zwischen den Läden*

2 § 4

Dass sich Personen/Gegenstände in/an einem Ort befinden/nicht befinden, kann im Koreanischen mit **-에** *in/an* **있어요/없어요** *sich befinden/nicht befinden* ausgedrückt werden. **에** wird direkt an den Ort bzw. an die Lagebezeichnung angehängt.

3 55

Welcher Satz passt zu welchem Bild? Ordnen Sie zu.

1. 건물 앞에 택시가 있어요.
2. 다리 **아래에** *unter* 배가 있어요.
3. **벤치** *(Sitz-)Bank* 뒤에 자전거가 있어요.
4. 공원 **안에** *in* 아이들이 있어요.

___ A

___ B

___ C

___ D

LÖSUNG

1 1C; 2E; 3H; 4G; 5F; 6B; 7A; 8D • **3** 1C; 2D; 3A; 4B

Was kann man in der Stadt alles unternehmen? Ordnen Sie die Bilder zu.

1

2

3

4

5

6

7

8

___ **A** 그림을 보다	*sich Bilder anschauen*
___ **B** 운동하다	*Sport machen*
___ **C** 영화를 보다	*sich einen Film anschauen*
___ **D** 쇼핑하다	*shoppen*
___ **E** 맥주를 마시다	*Bier trinken*
___ **F** 산책하다	*spazieren gehen*
___ **G** 수영하다	*schwimmen*
___ **H** 고궁을 구경하다	*einen alten Palast besichtigen*

5 § 4

Wenn ein Verb von einem Akkusativobjekt begleitet wird, wird die Objektpartikel **-을/를** an das Nomen angehängt. Endet ein Nomen auf einem Konsonanten, wird **을** angehängt, bei einem Vokal **를**.

6 § 5

Ein koreanischer Verbstamm kann 1) den Vokal **ㅏ** oder **ㅗ**, 2) andere Vokale außer **ㅏ** und **ㅗ**, und 3) **하** enthalten. Um die informell-höfliche Form zu bilden, hängt man für 1) **ㅏ요**, für 2) **ㅓ요**, für 3) **ㅕ요** an. Die Vokale am Verbstamm und **ㅏ/ㅓ** werden oft zusammengesetzt oder integriert. Bsp.: **보다** + **ㅏ요** = **봐요**; **가다** + **ㅏ요** = **가요**; **마시다** + **ㅓ요** = **마셔요**; **하다** + **ㅕ요** = **해요**

7

Ordnen Sie die Verben den informellen Verbformen zu.

1. 있다	___ **A** 마셔요
2. 가다	___ **B** 있어요
3. 없다	___ **C** 봐요
4. 일하다	___ **D** 없어요
5. 보다	___ **E** 일해요
6. 마시다	___ **F** 가요

LÖSUNG

4 1H; 2G; 3B; 4C; 5A; 6D; 7E; 8F • **7** 1B; 2F; 3D; 4E; 5C; 6A

Hier sehen Sie verschiedene Freizeitaktivitäten. Ordnen Sie die Bilder zu.

1

2

3

4

5

6

7

8

9

___ **A** 요리하기 *kochen*

___ **B** 조깅하기 *joggen*

___ **C** 스키 타기 *skifahren*

___ **D** 음악 듣기 *Musik hören*

___ **E** 기타 치기 *Gitarre spielen*

___ **F** 일광욕하기 *sich sonnen*

___ **G** 태권도하기 *Taekwondo machen*

___ **H** 춤추기 *tanzen*

___ **I** 콘서트에 가기 *ins Konzert gehen*

  9,17

Wie im Deutschen kann man auch im Koreanischen ein Verb zum Nomen machen, wenn es bspw. um Hobbys geht. Dafür wird an den Verbstamm **-기** angehängt: **요리하(다) + 기** = **요리하기.**

So fragen Sie nach dem Hobby: **취미가 뭐예요**? *Was ist dein Hobby?* - **요리하기예요/요리요**. (*Mein Hobby ist) Kochen*. Man kann auch fragen: **시간 있을 때 뭐 해요**? *Was machst du, wenn du Zeit hast?* - **조깅해요**. *Ich gehe joggen.*

3  58

Können Sie die Hobbys zuordnen?

1. 콘서트에 가요.	____ **A** *Ich spiele Gitarre.*
2. 태권도해요.	____ **B** *Ich fahre Ski.*
3. 춤춰요.	____ **C** *Ich sonne mich.*
4. 기타 쳐요.	____ **D** *Ich mache Taekwondo.*
5. 일광욕해요.	____ **E** *Ich gehe ins Konzert.*
6. 스키 타요.	____ **F** *Ich tanze.*

LÖSUNG

1 1A; 2D; 3E; 4I; 5H; 6F; 7B; 8G; 9C • **3** 1E; 2D; 3F; 4A; 5C; 6B

4 § 7, 10

Möchte man mit jemandem die Freizeit verbringen, werden Vorschläge gemacht. Dafür hängt man an den Verbstamm **-(으)ㄹ까요** an. Endet der Verbstamm auf einem Vokal, hängt man **ㄹ까요**, sonst **을까요** an. An erster Stelle im Satz steht meist (**우리**) **같이** *(wir) gemeinsam*.

Achtung! Wenn ein Verbstamm, wie bei **듣다,** auf **ㄷ** endet, wird **ㄷ** vor einem Vokal zu **ㄹ**: 저는 음악을 **들**어요. *Ich höre Musik.*; (**우리**) **같이 음악을 들을까요**? *Wollen wir gemeinsam Musik hören?*

같이 쇼핑**할까요**?	*Wollen wir zusammen shoppen gehen*?
같이 저녁 먹**을까요**?	*Wollen wir gemeinsam zu Abend essen*?

쇼핑하다 → 쇼핑할까요?; **먹다** *essen* → **먹을까요**?

5 59

Schreiben Sie das Verb mit (**으**)**ㄹ까요** in die Lücken.

1. 같이 ____________ (춤추다)?

2. 같이 ____________ (사진을 찍다 ein *Foto machen*)?

3. 같이 ____________ (걷다 *zu Fuß gehen*)?

6 § 12

Für Handlungen, die sich im Augenblick des Sprechens ereignen, benutzt man im Koreanischen die Verlaufsform **-고 있어요**, die einfach an den Verbstamm angehängt werden kann: 음악을 듣**고 있어요**; 춤추**고 있어요**; 저녁을 먹**고 있어요**.

7 60

Was machen die Menschen gerade? Vervollständigen Sie die Sätze mit **고 있어요** und ordnen Sie sie den Bildern zu.

1. 현민 씨는 지금 ______________________ (사진을 찍다).

2. 레나 씨는 ______________________ (책을 읽다).

3. 동생은 ______________________ (기타를 치다).

___ A

___ B

___ C

LÖSUNG

5 1춤출까요; 2사진을 찍을까요; 3걸을까요 • **7** 1(사진을 찍고 있어요)C; 2(책을 읽고 있어요)A; 3(기타를 치고 있어요)B

Öffnungszeiten 

실례합니다, 박물관을 언제 열어요?
Entschuldigung, wann ist das Museum geöffnet?

화요일부터 일요일까지, 오전 10시부터 저녁 6시까지요.
Es ist Dienstag bis Sonntag, von 10:00 bis 18:00 Uhr geöffnet.

Wochentage 

월요일	Montag
화요일	Dienstag
수요일	Mittwoch
목요일	Donnerstag
금요일	Freitag
토요일	Samstag
일요일	Sonntag

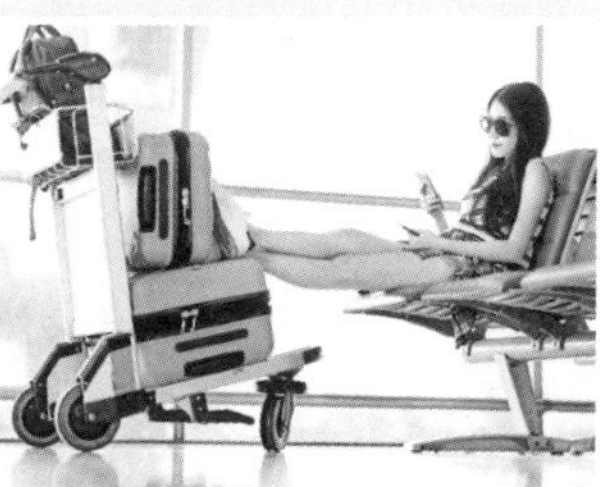

Im Hotel 

안녕하세요. 2인실을 예약하려고 해요.
Guten Abend. Ich würde gerne ein Doppelzimmer buchen.

얼마나 계실 겁니까?
Wie lange wollen Sie bleiben?

이틀요.
Zwei Tage.

호텔	Hotel
방	Zimmer
1인실	Einzelzimmer
2인실	Doppelzimmer
체크인	Check-in
체크아웃	Check-out
욕실	Bad
리셉션	Rezeption
아침 식사	Frühstück
열쇠	Schlüssel

예약하다	buchen
있다/계시다 (höfl.)	sich aufhalten
묵다	übernachten
확인하다	bestätigen
취소하다	stornieren

Die Natur  64

하늘	Himmel
달	Mond
별	Stern
지구	Erde

해	Sonne	구름	Wolke
비	Regen	눈	Schnee
안개	Nebel	바람	Wind

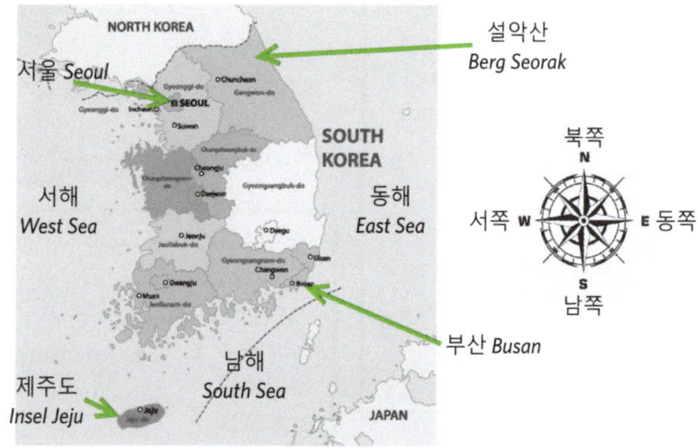

Füllen Sie die Lücken mit den Wörtern aus der Landkarte.

한국을 구경해요! 한국은 **바다**가 많아요. **산도** 많아요. 한국 동쪽에는 **1.** ______, **2.** ______에는 서해, 남쪽에는 **3.** ______가 있어요. 남해에는 **4.** ______가 있어요. **섬**이에요. 한국의 **수도**는 **5.** ______이에요. 서울에는 한**강**이 있어요. 한국 동남쪽에는 부산이 있어요. 부산은 **해변**이 **유명해요.** 그리고 한국 산은 **6.** ______이 유명해요.

바다 *Meer* • **산** *Berg* • **-도** *auch* • **섬** *Insel* • **수도** *Hauptstadt* • **강** *Fluss* • **해변** *Strand* • **유명하다** *berühmt sein*

Insadong ist ein Stadtviertel in Seoul mit vielen Souvenirläden, Restaurants und Cafés. Es ist eines der beliebtesten Touristenziele.

  66

Hier sehen Sie ein paar Sehenswürdigkeiten in Seoul. Können Sie ihre Namen erraten?

1 
2 
3 
4 
5 
6 

___ **A** 한강
___ **B** 경복**궁** *Palast*
___ **C** 북한산
___ **D** N서울**타워** *Turm*
___ **E** 인사동
___ **F** 청계**천** *Bach*

LÖSUNG

1 1동해; 2서쪽; 3남해; 4제주도; 5서울; 6설악산 • **2** 1C; 2F; 3D; 4E; 5B; 6A

Seoul liegt im nordwestlichen Teil des Landes, in Grenznähe zu Nordkorea. Die Fläche beträgt 605,24 km^2 und die Zahl der Einwohner beträgt ca. 10 Millionen. Als Finanz-, Kultur- und Bildungszentrum Südkoreas ist Seoul auch das Zentrum von K-Pop und K-Dramen.

3

So können Sie auf Reisen nach dem Weg fragen:

실례지만, ...에 어떻게 가요? *Entschuldigung, wie komme ich nach/zu ...?*

실례지만, ...이/가 어디에 있어요? *Entschuldigung, wo ist ...?*

Und das können Sie als Antwort bekommen:

오른쪽/왼쪽으로 가세요. *Gehen Sie nach rechts/links.*

이쪽/저쪽으로 가세요. *Gehen Sie in diese Richtung/die Richtung dort.*

곧장/쭉 가세요. *Gehen Sie geradeaus.*

... 쪽/방향으로 가세요. *Gehen Sie Richtung ... .*

Wenn Verkehrsmittel notwendig sein sollten, sind diese Antworten möglich:

버스를/지하철을 타세요.	*Nehmen Sie den Bus / die U-Bahn.*
버스로/지하철로 갈아타세요.	*Steigen Sie in den Bus / die U-Bahn um.*
...에서 내리세요.	*Steigen Sie in ... aus.*

4 § 14

Im Sinne von „tun Sie bitte (etwas)" verwendet man im Koreanischen **-(으)세요**. Endet der Verbstamm auf einem Vokal, hängt man **세요** an, sonst **으세요**.

5 67

Suchen Sie zu den Fragen die passende Weganweisung.

1. 어디에서 내려요?	___ **A** 3번 버스로 갈아타세요.
2. 어느 쪽으로 가요?	___ **B** 지하철 7호선을 타세요.
3. 몇 번 버스로 갈아타요?	___ **C** 경복궁에서 내리세요.
4. 지하철 몇 호선을 타요?	___ **D** 오른쪽으로 가세요.

LÖSUNG

5 1C; 2D; 3A; 4B

1 68

Bei einer Hotelreservierung können folgende Ausdrücke nützlich sein.

방이 있어요?	*Haben Sie ein Zimmer frei?*
1인실/2인실을 예약하고 싶어요.	*Ich möchte ein Einzelzimmer/ Doppelzimmer buchen.*
얼마나 계실 거예요?	*Wie lange wollen Sie bleiben?*
하루에 얼마예요?	*Wie viel kostet eine Übernachtung?*
아침 식사 포함이에요?	*Ist das Frühstück dabei?*
방을 예약했어요.	*Ich habe ein Zimmer reserviert.*
체크인/체크아웃을 하고 싶어요.	*Ich würde gerne ein-/auschecken.*
예약을 취소하려고 해요.	*Ich möchte die Buchung stornieren.*

Um ein Vorhaben oder eine Absicht auszudrücken, benutzt man **-(으)려고 하다**. An den Verbstamm, der auf einem Vokal endet, wird **려고 하다,** und an den Verbstamm, der auf einem Konsonanten endet, **으려고 하다** angehängt: 설악산에 가**려고 해요**; 점심을 먹**으려고 해요**; 음악을 들**으려고 해요**

3 

Was haben diese Menschen vor? Ordnen Sie die Bilder zu und schreiben Sie die Sätze mit **-(으)려고 해요**.

___ **A** 여자 친구하고 ______________________ (사진을 찍다).

___ **B** 해변에서 ______________________ (책을 읽다).

___ **C** 친구들하고 ______________________ (춤추다).

LÖSUNG

3 1B 책을 읽으려고 해요; 2C 춤추려고 해요; 3A 사진을 찍으려고 해요

4 § **11**

Um einen Wunsch auszudrücken - man möchte etwas tun -, verwendet man im Koreanischen -**고 싶어요**, das an jeden Verbstamm so angehängt werden kann: 먹**고 싶어요**; 하**고 싶어요**; 듣**고 싶어요**

5 **70**

Was möchten die Personen tun? Ordnen Sie zu.

1. 방을 예약하고 싶어요. ____ **A** Ich möchte koreanische Musik hören.
2. 이틀 묵고 싶어요. ____ **B** Ich möchte ein Zimmer reservieren.
3. 한국 음악을 듣고 싶어요. ____ **C** Ich möchte zwei Nächte bleiben.

6 **71**

Schreiben Sie die Sätze mit -**고 싶어요**.

1. 취소하다 ____________
2. 갈아타다 ____________
3. 사진을 찍다 ____________

7 § 19 72

Ergänzen Sie im folgenden Dialog die fehlenden Wörter.

얼마예요 • 예약하고 싶어요 • 방 • 1인실 • 열쇠

리셉션 직원:	**어서 오십시오.**
레온:	오늘 **1.** ______ 있어요?
리셉션 직원:	네, **2.** __________ 하고 2인실이 있습니다.
레온:	좋아요. 1인실이 **3.** __________?
리셉션 직원:	지금 **특별 가격**입니다. 이틀 **숙박**이 100,000원입니다. 그리고 아침 식사가 포함됩니다.
레온:	그래요? 와! 그럼 이틀 **4.** ______________.
리셉션 직원:	알겠습니다. 식당에서 **점심 식사**하고 **저녁 식사**도 **됩니다**. **5.** 여기 __________ 있습니다.

직원 *Personal* • **어서 오십시오** *willkommen* • **특별 가격** *Sonderpreis* • **숙박** *Übernachtung* • **알겠습니다** *Alles klar* • **점심 식사** *Mittagessen* • **저녁 식사** *Abendessen* · **되다** *möglich sein*

LÖSUNG

5 1B; 2C; 3A • **6** 1취소하고 싶어요; 2갈아타고 싶어요; 3사진을 찍고 싶어요 • **7** 1방; 21인실; 3얼마예요?; 4예약하고 싶어요; 5열쇠

오늘 날씨가 어때요? *Wie ist das Wetter heute*? Ordnen Sie die Bilder zu.

___ **A** 눈이 와요 ___ **B** 안개가 꼈어요 ___ **C** 비가 와요

___ **D** 해가 나요 ___ **E** 바람이 불어요 ___ **F** 구름이 꼈어요

2 74

Welche Sätze passen zusammen?

1. 지구에 ___ **A** 별이 많아요.

2. 하늘에 ___ **B** 밝아요. (밝다 *hell sein*)

3. 달이 ___ **C** 사람이 많아요.

Auch in Korea gibt es vier Jahreszeiten: **봄**, **여름**, **가을**, **겨울** (siehe Lektion 7). Wählen Sie das passende Wetter für die Jahreszeit aus und ordnen Sie die Bilder zu.

____ A **더워요** *es ist heiß*

____ B **선선해요** *es ist kühl*

____ C **따뜻해요** *es ist warm*

____ D **추워요** *es ist kalt*

Hier lernen Sie einige Farbbezeichnungen.

rot	*blau*	*grün*	*gelb*	*grau*	*weiß*
빨간색	**파란색**	**초록색**	**노란색**	**회색**	**하얀색**

LÖSUNG

1 1E; 2C; 3F; 4A; 5D; 6B • **2** 1C; 2A; 3B • **3** 1C; 2A; 3B; 4D

Welche Farbe passt zu welcher Situation? Ordnen Sie sie zu. Die folgenden Wörter helfen Ihnen dabei.

하늘 *Himmel* • **유채꽃** *Rapsblüte* • **나무** *Baum* • **들** *Feld* • **정원** *Garten* • **장미꽃** *Rose* • **예뻐요(예쁘다)** *schön sein*

1. 해변에 해가 났어요. ___ **A** 하얀색이에요.
2. 제주도 유채꽃이 멋있어요. ___ **B** 빨간색이에요.
3. 설악산에 나무가 많아요. ___ **C** 구름이 회색이에요.
4. 들에 눈이 왔어요. ___ **D** 하늘이 파란색이에요.
5. 정원에 장미꽃이 예뻐요. ___ **E** 초록색이에요.
6. 비가 와요. ___ **F** 노란색이에요.

6 

Hier lernen Sie einige Tiere mit ihren koreanischen Bezeichnungen.

7

Suchen Sie die Namen der Tiere aus Übung 6 und markieren Sie sie im Wortsalat.

남 래 사 암 우 크 프 북 새
원 숭 이 랑 배 채 벌 문 군
하 막 순 데 세 정 캄 라 강
기 헤 눈 소 다 토 내 화 야
앙 호 애 구 노 감 공 은 래
말 민 이 거 뱅 나 비 금 한

8 79

Füllen Sie die Lücken mithilfe der untenstehenden Wörter.

풀밭에서 *auf der Wiese* • **자연** *Natur* • **숲속에서** *im Wald*

1. 우리 같이 ______________ 조깅할까요?

2. 여기 _______이 정말 멋있어요. 다시*wieder* 오고 싶어요.

3. 날씨가 좋아요. ______________ 일광욕 하려고 해요.

LÖSUNG

5 1D; 2F; 3E; 4A; 5B; 6C • **8** 1숲속에서; 2자연; 3풀밭에서

Im Restaurant  80

뭐 주문하시겠습니까?
Was möchten Sie bestellen?

불고기하고 냉면 주세요.
Ich hätte gerne Bulgogi und kalte Nudeln.

숟가락 Löffel

젓가락 Stäbchen

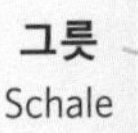

애피타이저	Vorspeise
메인 코스	Hauptspeise
후식/디저트	Nachtisch

맵다	scharf sein
짜다	salzig sein
쓰다	bitter sein
달다	süß sein
시다	sauer sein

Getränke 81

물	Wasser
차	Tee
커피	Kaffee
와인	Wein
맥주	Bier
주스	Saft
레모네이드	Limonade

Essen 82

밥	gekochter Reis	우유	Milch
빵	Backwaren	소고기	Rindfleisch
파스타	Pasta / ital. Nudelgerichte	돼지고기	Schweinefleisch
계란	Eier	닭고기	Hühnerfleisch
두부	Tofu	삼겹살	Schweinebauch
생선	Fisch	소시지	Wurst

Obst und Gemüse 83

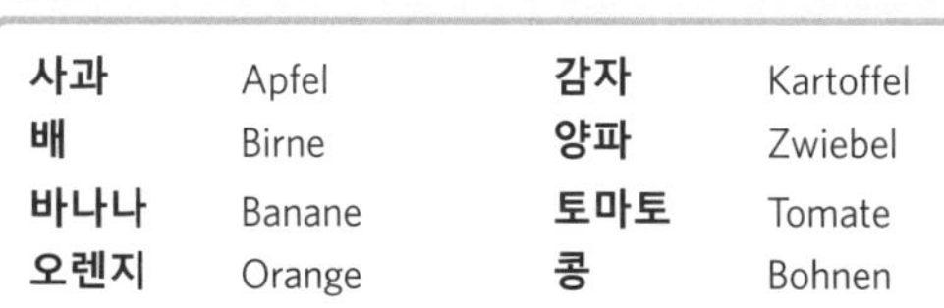

사과	Apfel	감자	Kartoffel
배	Birne	양파	Zwiebel
바나나	Banane	토마토	Tomate
오렌지	Orange	콩	Bohnen

Wie heißen diese Getränke? Ordnen Sie die Wörter zu.

___ A 맥주

___ B 오렌지 주스

___ C 물

___ D 차

___ E 와인

___ F 커피

Neben Stunden und Alter (Lektion 7 und 4) zählt man im Koreanischen auch Lebensmittel, Gegenstände und Tiere mit den koreanischen Zahlen. Die Zählwörter dafür heißen:

개 Großteil der Lebensmittel und Gegenstände

병 Flaschen

잔 mit einem Getränk befüllte Gläser und Tassen

마리 Tiere

3 84

Übersetzen Sie ins Koreanische. Achten Sie dabei auf die Zahlen 1 bis 4.

Bsp.: drei Orangen → 오렌지 세 개

1. zwei Flaschen Limonade ____________________

2. ein Fisch ____________________

3. zehn Eier ____________________

4. vier Gläser Saft ____________________

5. sechs Äpfel ____________________

6. fünf Flaschen Bier ____________________

4 § 14 85

Um nach etwas zu verlangen, sagen Sie: **... 주세요** *Geben Sie mir / Ich hätte gerne ...:* 오렌지 세 개 **주세요**. Schreiben Sie die Sätze unter Anwendung von **주세요**.

1. ____________________ (zwei Tassen Kaffee)

2. ____________________ (vier Tomaten)

3. ____________________ (eine Flasche Wein)

LÖSUNG

1 1D; 2C; 3E; 4A; 5F; 6B • **3** 1레모네이드 두 병; 2생선 한 마리; 3계란 열 개; 4주스 네 잔; 5사과 여섯 개; 6맥주 다섯 병 • **4** 1커피 두 잔 주세요. 2토마토 네 개 주세요. 3와인 한 병 주세요.

Ordnen Sie die Nahrungsmittel der richtigen Gruppe zu. Schreiben Sie die Namen auf.

A 우유 · **B** 간장 *Sojasoße* · **C** 배 · **D** 배추 *Chinakohl* · **E** 소고기 · **F** 요구르트 *Joghurt* · **G** 오징어 *Tintenfisch* · **H** 삼겹살 · **I** 크로아상 *Croissant* · **J** 생선 · **K** 소시지 *Wurst* · **L** 치즈 *Käse* · **M** 사탕 *Bonbon* · **N** 마늘 *Knoblauch* · **O** 닭고기 · **P** 포도 *Traube* · **Q** 돼지고기 · **R** 당근 *Karotte* · **S** 소금 *Salz* · **T** 딸기 *Erdbeere* · **U** 파 *Lauchzwiebel* · **V** 조개 *Muschel* · **W** 브로콜리 *Brokkoli* · **X** 오렌지 · **Y** 아이스크림 *Eis* · **Z** 식빵 *Toastbrot*

1. **과일** *Obst* ______________________, 오렌지
2. **야채** *Gemüse* ______________________
3. **고기** *Fleisch* ______________________
4. **해산물** *Meeresfrüchte* ______________________
5. **유제품** *Milchprodukte* ______________________
6. **빵** *Backwaren* ______________________
7. **단 것** *Süßigkeiten* ______________________
8. **양념** *Gewürze* ______________________

Wie heißen diese Lebensmittel und Speisen auf Koreanisch?

1

- **A** 당근
- **B** 배추
- **C** 파

2

- **A** 닭고기
- **B** 생선
- **C** 삼겹살

3

- **A** 파스타
- **B** 밥
- **C** 빵

4

- **A** 조개
- **B** 돼지고기
- **C** 요구르트

LÖSUNG

5 1CPTX; 2DNRUW; 3EHKOQ; 4GJV; 5AFL; 6IZ; 7MY; 8BS • **6** 1C; 2B; 3B;
4C

Hier sehen Sie weitere nützliche Zählwörter sowie Einheiten rund ums Einkaufen.

콜라 한 **병**

과자 한 **봉지**

양파 일 **킬로(그램)**

시리얼 한 **통**

두부 한 **모**

우유 한 **팩**

시금치 한 **단**

사과 주스 일 **리터**

참치 한 **캔/깡통**

Unter **과자** versteht man alle möglichen Formen von Chips und Keksen.

3

Die Koreaner benutzen die europäischen Einheiten für Gewichte und Maße: **킬로(그램)** *Kilo(gramm)*; **리터** *Liter*. Für sie gelten die sinokoreanischen Zahlen. Die traditionellen koreanischen Gewichtseinheiten **근** (600 g) *Geun* und **관** *Gwan* (3,75 kg) werden noch auf Märkten gebraucht.

4 88

Ordnen Sie die Produkte den Mengenangaben zu.

1. 시리얼	___ **A** 여섯 봉지
2. 레모네이드	___ **B** 세 단
3. 참치	___ **C** 500 그램
4. 우유	___ **D** 다섯 병
5. 과자	___ **E** 두 모
6. 삼겹살	___ **F** 한 통
7. 두부	___ **G** 네 팩
8. 파	___ **H** 세 캔/깡통

LÖSUNG

4 1F; 2D; 3H; 4G; 5A; 6C; 7E; 8B

Mit **얼마** *wie viel* + **예요** können Sie nach dem Preis fragen: ... **(이/가) 얼마예요?** ***Wie viel kostet/kosten ...***? Die Antwort darauf lautet: **... 원**(koreanische Währungseinheit) **이에요.**

Achtung! Für die Preise werden die sinokoreanischen Zahlen benutzt (Lektion 7).

Sie wollen auf dem Markt einkaufen. Hier sind einige nützliche Ausdrücke fürs Einkaufen.

어서 오세요.	*Willkommen.*
사과가 얼마예요?	*Wie viel kosten die Äpfel?*
세 개에 만 원이에요.	*Drei Stück kosten zehntausend Won.*
배는 얼마예요?	*Und wie viel kosten die Birnen?*
두 개에 만 원이에요.	*Zwei Stück kosten zehntausend Won.*
그럼 사과 세 개 주세요.	*Dann hätte ich gerne drei Äpfel.*
여기 만 원 있어요.	*Hier sind zehntausend Won.*

7

Mit **몇** *wie viele* kann man nach einer bestimmten Menge fragen. 맥주 **몇 병** 드릴까요? *Wie viele Flaschen Bier wollen Sie?*; 삼겹살 **몇 그램** 드릴까요? *Wie viel Gramm Schweinebauch wollen Sie?* Statt **몇 ...** kann man auch **얼마나** *wie viel* verwenden. Z. B.: **얼마나** 드릴까요?*Wie viel wollen Sie?*

8 90

Verbinden Sie die passenden Sätze.

1. 이 생선 한 마리 얼마예요?	___	**A** 저 생선은 만 원이에요.
2. 그럼 저 생선은 얼마예요?	___	**B** 두 마리 주세요.
3. 얼마나 드릴까요?	___	**C** 감사합니다.
4. 여기 이만 사천 원 있어요.	___	**D** 만 이천 원이에요.

LÖSUNG

8 1D; 2A; 3B; 4C

1 91

In einem koreanischen Restaurant können Sie z. B. diese Gerichte bestellen:

Fleischgerichte

불고기	*mariniertes Rindfleisch*
제육볶음	*scharfes Schweinefleisch*
삼겹살	*Schweinebauch*

Eintöpfe

김치찌개	*Kimchi-Eintopf*
된장찌개	*Sojabohnenpaste-Eintopf*
순두부찌개	*Seidentofu-Eintopf*

andere Gerichte

비빔밥	*gekochter Reis mit Gemüse, Rindfleisch, Peperonisoße und Spiegelei*
오징어볶음	*scharf gebratener Tintenfisch mit Gemüse*
잡채	*Glasnudeln mit gebratenem Gemüse*

Beilagen/Vorspeisen

김치	*eingelegter scharfer Chinakohl*
나물	*gedünstetes gewürztes Gemüse*
전	*koreanische Pfannkuchen (nicht süß)*

2

Anders als in Deutschland bekommt man in Korea in Restaurants das Wasser umsonst.

2 § 19 92

Diese Sätze sind typisch für einen Dialog im Restaurant. Ordnen Sie die richtige Übersetzung zu.

1. 몇 분이세요?	___ **A** Was möchten Sie bestellen?
2. 두 명이에요.	___ **B** Zweimal Bibimbap, bitte.
3. 뭐 주문하시겠습니까?	___ **C** Eine Flasche Makgeolli, bitte. (**막걸리**, s. unten)
4. 비빔밥 두 개 주세요.	___ **D** Möchten Sie etwas trinken?
5. 파전도 하나 주세요.	___ **E** Wie viele sind Sie?
6. 음료수는요?	___ **F** Wir sind zwei.
7. 막걸리 한 병 주세요.	___ **G** Wir hätten gerne auch einen Lauchzwiebelpfannkuchen.

4

막걸리 ist ein traditionelles alkoholisches Getränk aus Reis. Typischerweise trinkt man dieses Getränk zu den koreanischen Pfannkuchen.

LÖSUNG

2 1E; 2F; 3A; 4B; 5G; 6D; 7C

Die Bilder verweisen auf Geschmacksrichtungen. Können Sie die Beschreibungen zuordnen?

1. 레몬

2. 소금

3. 고추

4. 아이스크림

5.

6. 맥주

___ **A** 맥주가 써요

___ **B** 맛있어요

___ **C** 고추가 매워요

___ **D** 레몬이 셔요

___ **E** 소금이 짜요

___ **F** 아이스크림이 달아요

Was wird hier beschrieben? Ordnen Sie zu.

1. etwas Süßes nach der Hauptspeise

2. statt der Gabel benutzt man in Asien dies

3. Fische werden auch roh gegessen

___ **A** 젓가락

___ **B** 회

___ **C** 후식/디저트

7

Wenn man in Korea nach dem Essen bezahlen möchte, tut man dies nicht am Tisch, sondern an der Kasse. Koreaner zahlen normalerweise nicht getrennt; oft lädt eine Person die anderen ein. Üblicherweise gibt man kein Trinkgeld.

8 § 19 95

Sie wollen an der Kasse zahlen. Links sehen Sie einen Dialog. Suchen Sie zu den Sätzen jeweils die koreanische Übersetzung.

1. Möchten Sie zahlen?
2. Ja, was macht das?
3. Das macht 35.000 Won.
4. Möchten Sie mit Karte oder bar zahlen?
5. Mit Karte, bitte.
6. Hier die Karte, bitte.
7. Vielen Dank.

___ **A** 카드로 하시겠어요, 현금으로 하시겠어요?
___ **B** 여기 카드 있어요.
___ **C** 계산하시겠습니까?
___ **D** 감사합니다.
___ **E** 삼만 오천 원입니다.
___ **F** 네, 얼마예요?
___ **G** 카드로요.

LÖSUNG

5 1D; 2E; 3C; 4F; 5B;6A • **6** 1C;2A; 3B • **8** 1C; 2F; 3E; 4A; 5G; 6B; 7D

Körper 96

Gesundheit und Krankheit 97

아프다	wehtun, krank sein
다치다	sich verletzen
감기에 걸리다	erkältet sein
열이 나다	Fieber haben

배가 아파요.
Ich habe Bauchweh.

그래요? 그럼 병원에 가 보세요.
Wirklich? Dann sollten Sie zum Arzt gehen.

어디가 아파요?
Was fehlt Ihnen?

머리가 아파요.
Ich habe Kopfschmerzen.

그럼 이 약을 먹어요.
Dann nehmen Sie diese Medikamente.

주사	Spritze
진통제	Schmerzmittel
연고	Salbe
기침약	Hustensaft
반창고	Pflaster
체온계	Thermometer

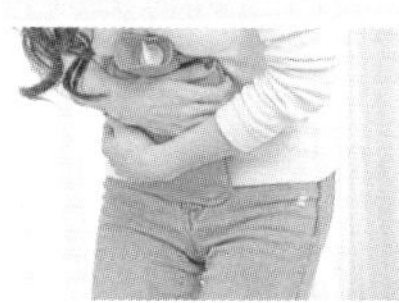

Im Kaufhaus und Kleidung 98

우리 오늘 같이 백화점에 가요. 저녁도 먹고 옷도 구경해요.
Gehen wir heute zusammen ins Kaufhaus. Wir können dort zu Abend essen und uns Klamotten anschauen.

좋아요. 그럼 오늘 오후에 만나요.
Gut. Bis heute Nachmittag also.

1

Welches Wort passt zum Körperteil im Bild?

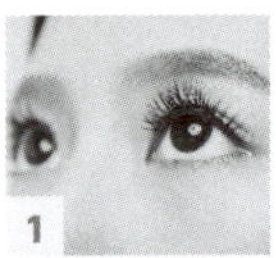

1

- A 팔
- B 머리
- C 눈

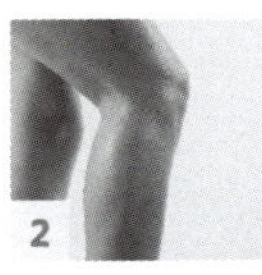

2

- A 어깨
- B 무릎
- C 발

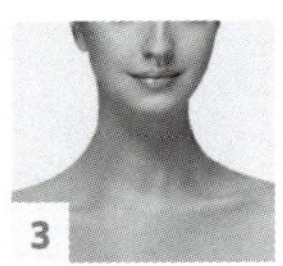

3

- A 목
- B 팔
- C 머리

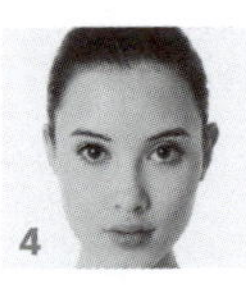

4

- A 무릎
- B 얼굴
- C 코

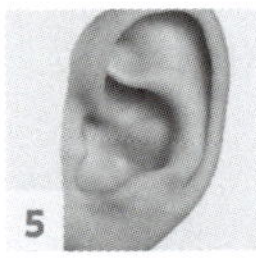

5

- A 귀
- B 다리
- C 눈

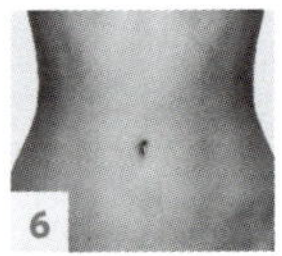

6

- A 코
- B 무릎
- C 배

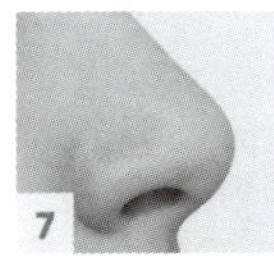

7

- A 입
- B 코
- C 머리

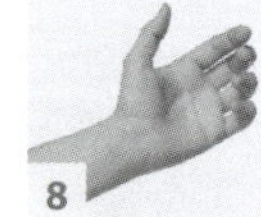

8

- A 팔
- B 귀
- C 손

2 99

Hier verstecken sich die deutschen Übersetzungen weiterer Körperteile. Unterstreichen Sie sie.

1. 등 CETOMSRUECKENKEQ

2. 입술 POGNLIPPENLAYIORA

3. 턱 GUIFFQUEROPDKINNF

4. 이마 YPXSTIRNRBOQZOLLE

5. 이 ZAEHNEOSSIMUVEWO

6. 허리 OPTAILLEENZIIERWAX

3

Von Kopf bis Fuß. Nummerieren Sie die Körperteile danach, was zuerst kommt, am Körper oben beginnend.

___ **A** 무릎 ___ **B** 머리 ___ **C** 발 ___ **D** 눈

___ **E** 목 ___ **F** 입 ___ **G** 배

___ **H** 어깨 ___ **I** 코 ___ **J** 엉덩이

___ **K** 가슴 ___ **L** 턱 ___ **M** 이마

LÖSUNG

1 1C; 2B; 3A; 4B; 5A; 6C; 7B; 8C • **2** 1 RÜCKEN; 2 LIPPEN; 3 KINN; 4 STIRN; 5 ZÄHNE; 6 TAILLE • **3** 1B; 2M; 3D; 4I; 5F; 6L; 7E; 8H; 9K; 10G; 11J; 12A; 13C

 § 7 100

Hier lernen Sie verschiedene Gesundheitszustände.

(몸 *Körper* **이) 아프다**
krank sein / wehtun

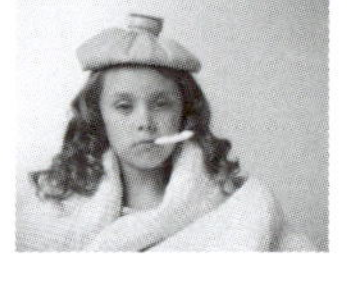

열이 나다
Fieber haben

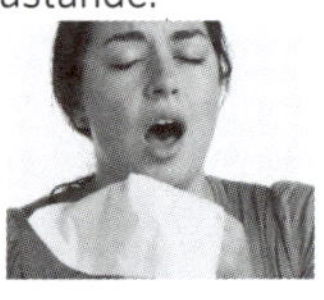

기침을 하다
husten

컨디션이 좋다
fit sein

두통이 있다
Kopfweh haben

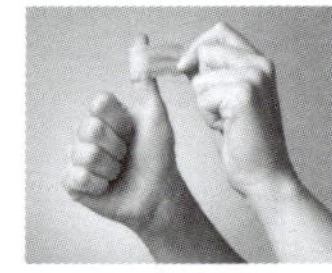

다치다
sich verletzen

 § 6

Um die Vergangenheitsform zu bilden, hängt man an die letzte Silbe vor **-요** der informell-höflichen Form **-ㅆ어** an:
가요 → 갔어요; 더워요 → 더웠어요

 101

Schreiben Sie die Vergangenheitsform.

1. 있어요 ____________ **2.** 좋아요 ____________

3. 아파요 ____________ **4.** 다쳐요 ____________

Schreiben Sie die Verben aus Übung 4 in der Vergangenheitsform.

1. 저는 지난 주말에 컨디션이 ____________.
2. 하지만 어제는 몸이 좀 ____________.
3. 열이 ____________.
4. 그리고 두통이 ____________.
5. 기침도 ____________.

Wie sind die Leute? Hier lernen Sie einige Ausdrücke zum Aussehen.

크다	**작다**	**뚱뚱하다**	**날씬하다**
groß sein	*klein sein*	*dick sein*	*schlank sein*

LÖSUNG

6 1있었어요; 2좋았어요; 3아팠어요; 4다쳤어요 • **7** 1좋았어요; 2아팠어
요; 3났어요; 4있었어요; 5했어요

1 104

Sie sind krank und gehen zum Arzt. Was machen Sie zuerst? Und dann? Ordnen Sie die deutschen Sätze zu. Unten stehen hilfreiche Vokabeln.

1. *Sie rufen bei der Praxis an und vereinbaren einen Termin.*	___	**A** 약국에서 약을 사요.
2. *Sie gehen in die Praxis.*	___	**B** 병원에 전화해요. 그리고 시간을 예약해요.
3. *Sie warten im Wartezimmer.*	___	**C** 의사가 진찰해요.
4. *Der Arzt untersucht Sie.*	___	**D** 병원에 가요.
5. *In der Apotheke kaufen Sie das Medikament.*	___	**E** 대기실에서 기다려요.

전화하다 *anrufen* • **시간을 예약하다** *einen Termin vereinbaren* • **진찰하다** *untersuchen* • **대기실** *Wartezimmer* • **기다리다** *warten*

2

Das Wort **병원** wird sowohl für Arztpraxen als auch für Krankenhäuser verwendet.

3 105

Was fehlt diesen Personen? Zu jedem Bild passen zwei Sätze. Ordnen Sie zu.

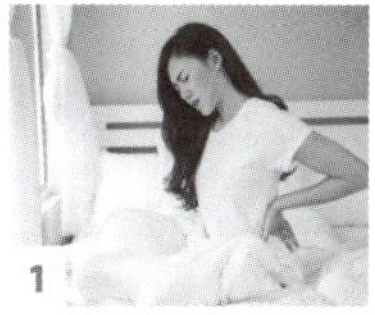
1

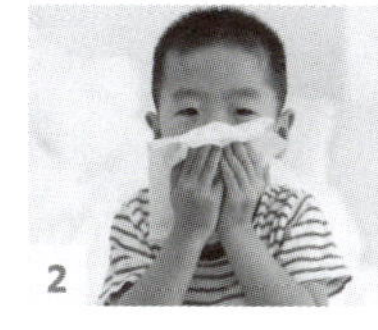
2

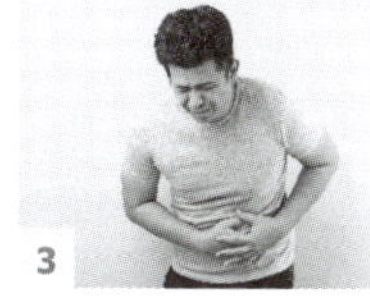
3

___ **A** 감기에 걸렸어요. *Ich bin erkältet.*

___ **B** 배가 아파요. *Ich habe Bauchschmerzen.*

___ **C** 허리가 아파요. *Ich habe Kreuzschmerzen.*

___ **D** 콧물이 나요. *Meine Nase läuft.*

___ **E** 등도 아파요. *Ich habe auch Rückenschmerzen.*

___ **F** 속이 안 좋아요. *Mir ist schlecht.*

LÖSUNG

1 1B; 2D; 3E; 4C; 5A • **3** 1CE; 2AD; 3BF

4 106

Beim Arzt muss man diverse Fragen beantworten. Kreuzen Sie die passende Antwort an.

1. 언제부터 열이 있어요?

- **A** 오후에요
- **B** 어제부터요
- **C** 매일요

2. 어디가 아파요?

- **A** 아침에요
- **B** 제 동생요
- **C** 머리가 아파요

3. 언제 다쳤어요?

- **A** 오늘부터요
- **B** 내일요
- **C** 어제 오후에요

4. 요즘 약을 먹어요?

- **A** 네, 먹어요
- **B** 아침에요
- **C** 좋아요

5

Wenn man in Korea eine Ärztin / einen Arzt anredet, fügt man der Berufsbezeichnung **의사** das Wort **선생님** *Lehrer/in* hinzu, um Respekt zu zeigen: **의사 선생님**.

6 107

Lesen Sie die Sätze mithilfe der Vokabeln. Welches Medikament oder Mittel brauchen Sie?

1. 열이 있어요 - ____________
2. 기침도 해요 - ____________
3. 손을 데었어요 - ____________
4. 두통이 있어요 - ____________
5. 손가락을 베었어요 - ____________
6. 다리가 부러졌어요 - ____________

데다 *sich verbrennen* • **베다** *sich schneiden* • **다리가 부러지다** *sich das Bein brechen*

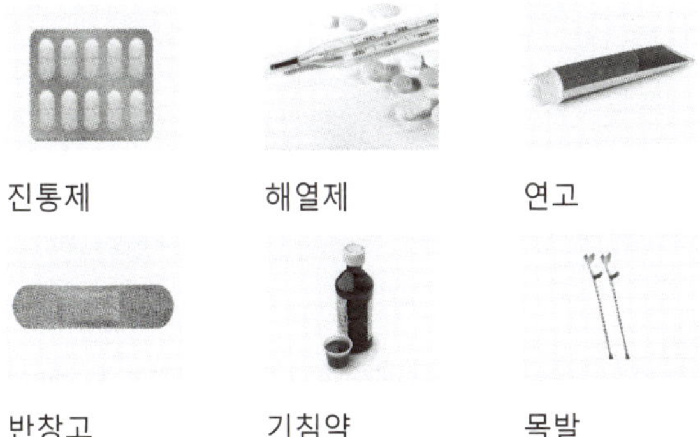

진통제 해열제 연고

반창고 기침약 목발

LÖSUNG

4 1B; 2C; 3C; 4A • **6** 1해열제, 2기침약, 3연고, 4진통제, 5반창고, 6목발

Auf diesem Hinweisschild eines Kaufhauses fehlen einige Übersetzungen. Füllen Sie die Lücken mit den passenden deutschen oder koreanischen Wörtern aus dem Kasten.

구두 • *Damenbekleidung* • **슈퍼마켓** • **식당** • *Uhren*

지하 *Untergeschoss*		**1층** *1. Stock*	
음식코너	1. ______	**시계**	**화장품**
Speiseecke	*Supermarkt*	2. ______	*Kosmetik*
2층 *2. Stock*		**3층** *3. Stock*	
여성 패션		**남성 패션**	
3. ______		*Herrenbekleidung*	
4층 *4. Stock*		**5층** *5. Stock*	
4. ______	**스포츠 용품**	**장난감**	5. ______
Lederschuhe	*Sportartikel*	*Spielzeug*	*Restaurant*

2

Im Untergeschoss eines Kaufhauses in Korea gibt es häufig Speiseecken oder -stände, die verschiedene Speisen anbieten.

3 § 15

Wenn man zu einem bestimmten Zweck zu einem Ort hingeht/kommt, verwendet man im Koreanischen den Ausdruck **-(으)러 가요/와요**. Zur Satzbildung hängt man **으러** an einen Verbstamm an, der auf einem Konsonanten außer **ㄹ** endet, sonst hängt man **러** an. Das Verb **가요/와요** steht am Satzende. Ein Fragesatz kann so lauten: 왜 / 뭐 하**러** 거기에 **가요**/**와요**? *Warum gehst du / kommst du dorthin?*

4 § 7 109

Zu welchem Zweck gehen die Personen zu den bestimmten Orten? Vervollständigen Sie die Sätze wie im Beispiel.

Bsp.: 영화를 __보러__ 영화관에 가요. (보다)

1. 커피를 ______ 커피숍에 가요. (마시다)

2. 친구를 ______ 백화점에 왔어요. (만나다)

3. 음악을 ______ 콘서트에 갔어요. (듣다)

4. 시계를 ______ 백화점에 가요. (사다)

5. 점심을 ______ 식당에 가요. (먹다)

LÖSUNG

1 1 슈퍼마켓; 2 Uhren; 3 Damenbekleidung; 4 구두; 5 식당 • **4** 1 마시러; 2 만나러; 3 들으러; 4 사러; 5 먹으러

Lesen Sie die Sätze und kreuzen Sie „richtig“ oder „falsch“ an.

보라 씨하고 지희 씨는 토요일 오후에 백화점에 갔어요. 친구 소라 씨 생일 **선물**을 사러 갔어요. **먼저** 스카프를 사러 여성 패션 코너에 갔어요. 그런데 스카프가 너무 비쌌어요. 그래서 화장품 코너에 갔어요. 화장품이 아주 마음에 들었어요. 색이 마음에 들었어요. 두 사람은 화장품을 샀어요. 그리고 생일 카드를 샀어요.

선물 *Geschenk* ▪ **먼저** *zuerst*

	RICHTIG	FALSCH
1. 보라 씨는 지희 씨하고 토요일에 백화점에 갔어요.	▪	▪
2. 스카프를 사러 남성 패션 코너에 갔어요.	▪	▪
3. 그리고 화장품 코너에 갔어요.	▪	▪
4. 구두를 샀어요.	▪	▪
5. 그리고 생일 카드를 샀어요.	▪	▪

Sora und Jimin gehen an Soras Geburtstag gemeinsam essen. Lesen Sie den Dialog und ergänzen Sie die fehlenden Wörter.

쇼핑 • 오징어 볶음 • 생일 • 백화점 (x2)

소라: 오늘 제 **1.**________이에요. 뭐 먹고 싶어요?

지민: 요즘 **2.** ________ 지하 음식이 맛있어요.
3. ________에 저녁 먹으러 갈까요?

소라: 좋아요. 같이 가요. 저도 들었어요.

지민: **특히** *besonders* 비빔밥하고 **4.** __________이 맛있어요.

소라: 식사 후에 **5.** ________도 해요.

7 112

Hier sind noch weitere Farben.

rosa	*schwarz*	*beige*	*orange*	*braun*
분홍색	**검은색/ 까만색**	**베이지색**	**주황색**	**갈색**

LÖSUNG

5 1 r; 2 f; 3 r; 4 f; 5 r • **6** 1 생일; 2 백화점; 3 백화점; 4 오징어 볶음; 5 쇼핑

Schauen Sie sich die Kleidungsstücke an und ordnen Sie sie den Bezeichnungen zu.

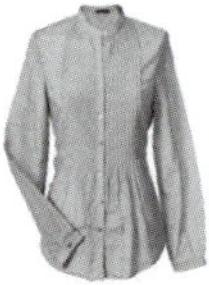

1 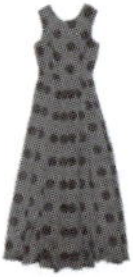 2 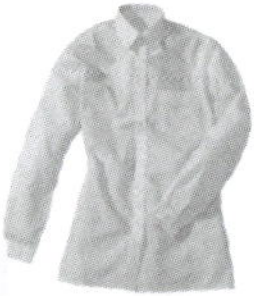 3

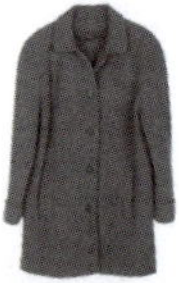

4 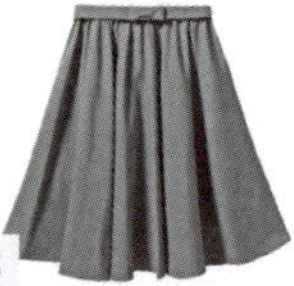 5 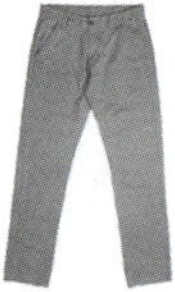 6

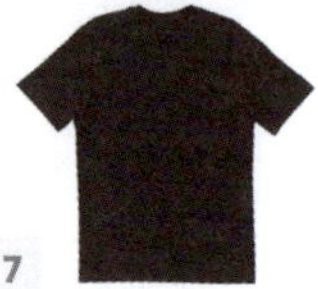

7 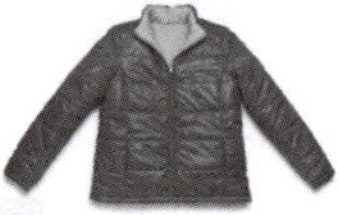 8 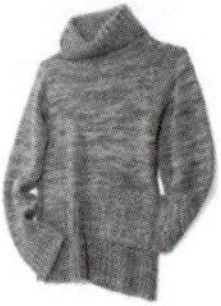 9

___ **A** 바지 *Hose*

___ **B** 원피스 *Kleid*

___ **C** 블라우스 *Bluse*

___ **D** 코트 *Mantel*

___ **E** 스웨터 *Pullover*

___ **F** 자켓 *Jacke*

___ **G** 셔츠 *Hemd*

___ **H** 치마 *Rock*

___ **I** 티셔츠 *T-Shirt*

  19  114

In einem Kleidergeschäft kann eine Verkäuferin Ihnen Hilfe anbieten: **뭐 찾으세요?** *Was suchen Sie?*

Wenn Sie keine Hilfe wollen, antworten Sie:

그냥 좀 보려고요. *Ich will mich nur bisschen umsehen.*

Wenn die Größe oder Farbe nicht ganz passt, fragen Sie:

하나 큰/작은 사이즈 있어요? *Haben Sie das eine Nummer größer/kleiner?* oder **이거 다른 색도 있어요?** *Haben Sie das auch in einer anderen Farbe?*

Wenn Sie etwas anprobieren möchten, fragen Sie:

이거 좀 입어볼 수 있어요? *Kann ich das mal anprobieren?*

Und wenn Sie sich entschieden haben, etwas zu kaufen oder nicht: **이거 주세요.** *Ich nehme es.* oder

다음에 다시 올게요. *Ich komme ein andermal wieder.*

Wenn die Koreaner shoppen gehen und die Ware ihnen nicht gefällt, sagen sie das nicht direkt, sondern sagen beim Verlassen des Ladens: „Ich komme ein andermal wieder“.

LÖSUNG

1 1C; 2B; 3G; 4D; 5H; 6A; 7I; 8F; 9E

4 115

Hier sind weitere Kleidungsstücke:

넥타이 *Krawatte*

슬리퍼 *Pantoffel*

장갑 *Handschuhe*

구두 *Lederschuhe*

선글래스 *Sonnenbrille*

양말 *Socken*

벨트 *Gürtel*

운동화 *Freizeitschuhe*

목도리 *Schal*

5

Für das Verb „anziehen“ werden in Korea, je nach Art der Bekleidung, unterschiedliche Ausdrücke benutzt.

바지, 치마, 티셔츠	입다
구두, 운동화, 양말	신다
모자, 안경, 선글래스	쓰다
넥타이, 벨트, 목도리	매다/하다

6 116

Füllen Sie die Lücken mit dem passenden Verb aus Übung 5. Bilden Sie dabei die informell-höfliche Form.

1. 모자를 ___써요___.
2. 벨트를 ________.
3. 코트를 ________.
4. 선글래스를 ________.
5. 넥타이를 ________.
6. 양말을 ________.
7. 블라우스를 ________.
8. 구두를 ________.

7

Wer sagt das, der Verkäufer (점원) oder der Kunde (손님)? Kreuzen Sie an.

	점원	손님
1. 좀 입어 볼 수 있어요?	☐	☐
2. 뭐 찾으세요?	☐	☐
3. 다음에 다시 올게요.	☐	☐

LÖSUNG

6 2매요/해요; 3입어요; 4써요; 5매요/해요; 6신어요; 7입어요; 8신어요 •
7 1손님; 2점원; 3손님

Internet und Computer 

레온 씨, 오늘 집에 와이 파이가 잘 돼요?

Leon, funktioniert heute das WLAN bei Ihnen gut?

아니요, 인터넷이 안 돼요. 오늘 이메일을 쓰려고 했는데...

Nein, ich habe keine Internet-Verbindung. Eigentlich wollte ich heute E-Mails schreiben ...

그래요? 그럼 카페/ 커피숍에 가 보세요.

Ach so? Dann gehen Sie mal ins Café.

모니터	Bildschirm	**프린터**	Drucker
마우스	Maus	**충전기**	Ladegerät
컴퓨터 자판/ 키보드	Tastatur	**비밀번호/ 패스워드**	Passwort
애플리케이션/앱	App	**사용자 이름/ 아이디**	Benutzername
노트북	Laptop	**스틱**	USB-Stick

Wohnen 118

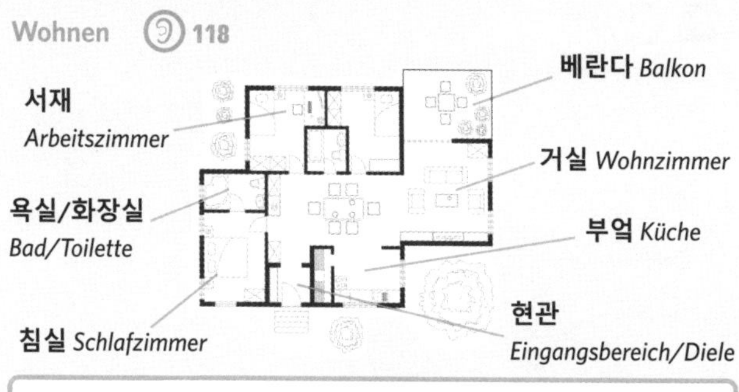

침대	Bett	냉장고	Kühlschrank
옷장	Kleiderschrank	전자레인지	Mikrowelle
책상	Schreibtisch	전기레인지	Elektroherd
의자	Stuhl	식탁	Esstisch
책장	Bücherregal	세탁기	Waschmaschine
소파	Sofa	세면대	Waschbecken
베개	Kopfkissen	샤워실	Dusche

Zimmer 119

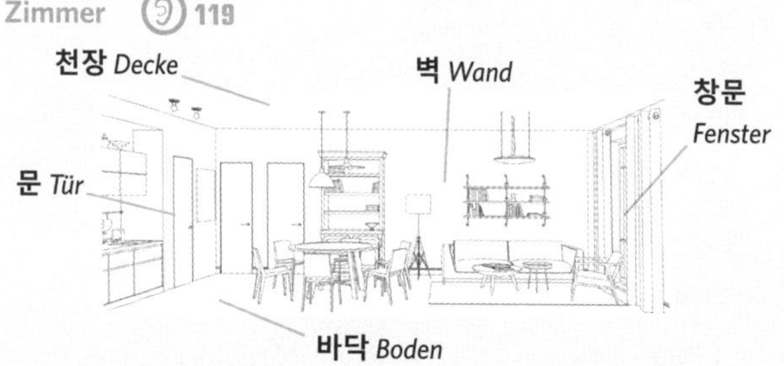

Was bedeuten diese Symbole? Ordnen Sie die koreanischen Bezeichnungen zu.

1

2

www.pons.com

3

4

5

6

7

8

9

___ **A** 좋아요 *gefällt mir*

___ **B** 저장하기 *speichern*

___ **C** 복사하기 *kopieren*

___ **D** 프린트/인쇄하기 *drucken*

___ **E** 검색하기 *suchen*

___ **F** 창 닫기 *Fenster schließen*

___ **G** 링크 *Link*

___ **H** 이메일 *E-Mail*

___ **I** 파일 *Datei*

2

Viele der in Korea benutzten Bezeichnungen aus dem technischen Bereich kommen aus dem Englischen.

3 § 8

Mit der Silbe **안** wird ein Satz verneint. Die Silbe steht direkt vor dem Verb: 이메일을 쓰다 - 이메일을 **안** 쓰다. Bei den Verben mit **하다** steht sie vor **하다**: 저장**하다** - 저장 **안 하다**; 복사**하다** - 복사 **안 하다.** Eigenschaftsverben sind da allerdings eine Ausnahme: 조용하다 *still sein* - **안 조용하다**

4 121

Verneinen Sie die Sätze mit **안**.

Achtung! Hier bedeutet **써요** (von **쓰다**) *schreiben*.

1. 이메일을 써요? 아니요, (이메일을) 안 써요.
2. 인터넷이 돼요? 아니요, ____________.
3. 인쇄했어요? 아니요, ____________.
4. 방이 조용해요? 아니요, ____________.
5. 복사했어요? 아니요, ____________.

LÖSUNG

1 1F; 2I 3G; 4C; 5E; 6D; 7A; 8H; 9B • **4** 2인터넷이 안 돼요. 3인쇄 안 했어요. 4방이 안 조용해요. 5복사 안 했어요.

Was sehen Sie hier? Die Vokabeln haben Sie auf den Mitreden-Seiten „Internet und Wohnen“ gelernt. Ordnen Sie zu.

1  2  3

4 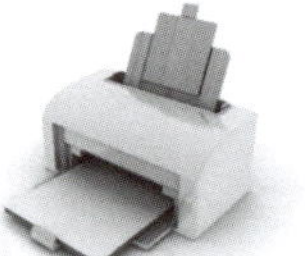 5  6

___ **A** 프린터 ___ **B** 노트북

___ **C** 충전기 ___ **D** 앱 / 애플리케이션

___ **E** 마우스 ___ **F** 스틱

6

So schreiben Sie eine E-Mail auf Koreanisch: Möchten Sie es allgemein halten, oder ist der Empfänger unbestimmt, reicht ein **안녕하세요** in der ersten Zeile. Möchten Sie an eine bestimmte Person schreiben, kommt es darauf an, was für eine Beziehung Sie zu der Person haben. In einer formellen E-Mail können Sie schreiben: ganzer Name + **선생님**/ggf. Titel der Person: **안녕하세요**, ... **선생님**. Bei einer informelleren Angelegenheit können Sie den Nachnamen weglassen und nach dem Namen **씨** schreiben: **안녕하세요**, **인국 씨**. Als Schlussformel können Sie in den meisten Fällen schreiben: (ganzer) Name + **드림**: **(이)인국 드림**.

7 § 7 122

Wie schreiben Sie eine E-Mail? Ordnen Sie die Verben zu.

1. 컴퓨터를	___	**A** 끄다 *ausschalten*
2. 사용자 이름과 비밀번호를	___	**B** 보내다 *abschicken*
3. 인터넷을	___	**C** 입력하다 *eingeben*
4. 이메일을	___	**D** 연결하다 *verbinden*
5. 이메일을	___	**E** 쓰다 *schreiben*
6. 컴퓨터를	___	**F** 켜다 *einschalten*

LÖSUNG

5 1B; 2E; 3C; 4F; 5A; 6D • **7** 1F; 2C; 3D; 4E; 5B; 6A

Wie heißen die Räume auf Koreanisch?

1. ______________

4. ______________

5. ______________

6 ______________

Koreaner halten an der Tradition fest, die Wohnung nicht mit den Schuhen zu betreten. In modernen koreanischen Wohnungen und Häusern gibt es einen abgetrennten Bereich am Eingang: **현관**. Dies ist der Bereich, wo man sich die Schuhe an-/auszieht. Typischerweise ist dieser Bereich mit einem *Schuhschrank* (**신발장**) sowie einem *Spiegel* (**거울**) ausgestattet.

3

Was gibt es typischerweise wo? Tragen Sie die Wörter ein.

**침대 • 세탁기 • 세면대 • 식탁 • 전자레인지 • 소파 •
옷장 • 신발장 • 베개 • 냉장고 • 거울** (x2) **• 텔레비전**

1. **거실** ______________________
2. **욕실** ______________________
3. **부엌** ______________________
4. **침실** ______________________
5. **현관** ______________________

4

Traditionell schläft man in Korea auf dem Boden. Zum Schlafen breitet man die *Schlafdecke* (**이불**) und *Matratze* (**요**) aus, die man morgens wieder zusammenlegt und im Schrank verstaut. Mittlerweile verschwindet diese Tradition allmählich, ebenso wie die Bodensitzkultur. Die westliche Sitz- und Schlafkultur ist den Koreanern inzwischen vertraut.

LÖSUNG

1 1거실; 2부엌; 3욕실; 4침실; 5현관; 6서재 • **3** 1소파, 텔레비전; 2세탁기, 거울, 세면대; 3식탁, 전자레인지, 냉장고; 4침대, 옷장, 베개; 5신발장, 거울

5 §7 123

Die Sätze erzählen über bestimmte Zustände. Was muss getan werden? Ordnen Sie die passende Tätigkeit von unten zu.

___ A **그릇**이 **더러워요**.

___ B 창문이 더러워요.

___ C 빨래가 **말랐어요**.

___ D **잔디**가 길어요.

___ E 옷이 더러워요.

___ F 방이 더러워요.

그릇 *Teller, Schale* • **더럽다** *schmutzig sein* • **마르다** *trocknen* • **잔디** *Rasen*

1. **닦다** *putzen*

2. **청소하다** *sauber machen*

3. **빨래하다** *Wäsche waschen*

4. **잔디를 깎다** *Rasen mähen*

5. **설거지하다** *Geschirr spülen*

6. **다림질하다** *bügeln*

6

Die meisten Menschen in Korea wohnen in Apartments (**아파트**). Das *Haus* nennt man **집** oder **주택**, wobei **집** gleichzeitig die Bedeutung von *Zuhause* hat. Die Stockwerke werden in Korea anders gezählt als in Deutschland, und zwar ist das Erdgeschoss der erste Stock.

7 124

Lesen Sie die Sätze und kreuzen Sie „richtig“ oder „falsch“ an.

다니엘 씨는 아파트에 살아요. 거실하고 방이 하나 있어요. 부엌하고 욕실이 있어요. 집이 조금 작아요. 하지만 집이 **깨끗해요** *sauber sein*. 그리고 베란다도 있어요. 그래서 마음에 들어요.

	RICHTIG	FALSCH
1. 다니엘 씨는 아파트에 살아요		
2. 그런데 베란다가 없어요.		
3. 집이 아주 커요.		
4. 그리고 집이 깨끗해요.		

LÖSUNG

5 1B; 2F; 3E; 4D; 5A; 6C • **7** 1 r; 2 f; 3 f; 4 r

Medien 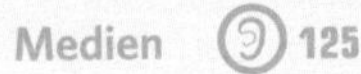

뉴스	Nachrichten
드라마	TV-Serie
광고	Werbung
오락/예능 프로	TV-Show
정기 구독	Abonnement
유튜브	YouTube

어제 예능을 티비에서 봤어요?
Hast du dir die TV-Show gestern im Fernsehen angeschaut?

아니요, 유튜브에서 봤어요.
Nein, ich habe sie mir auf YouTube angeschaut.

Kunst und Kultur  126

공연장	Konzerthalle/Theater	건축	Architektur
연극	Theateraufführung	박물관	Museum
콘서트	Konzert	사물놀이	Samulnori
오페라	Oper	뮤지컬	Musical
발레	Ballett	영화	Film
그림	Malerei		

이번 주말에 연극 공연이 있어요. 같이 갈까요?

Am Wochenende gibt es eine Theateraufführung. Wollen wir gemeinsam ins Theater gehen?

좋아요! 그런데 표가 있을까요?

Schön! Meinst du, dass wir Karten bekommen?

표는 벌써 예매했어요. 공연이 정말 멋있을 거예요.

Die Karten habe ich schon reserviert. Es muss eine tolle Aufführung sein.

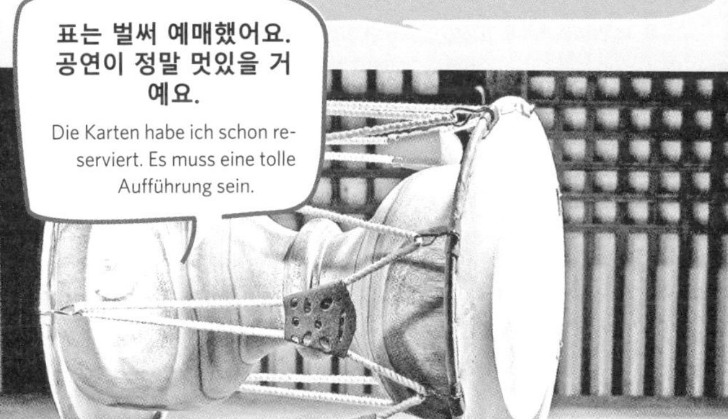

1 127

Lesen Sie die Aussagen zum Thema Medien. Ordnen Sie die Sätze den Übersetzungen zu.

1. 오늘 라디오에서 축구를 해요.
2. 우리 아들은 인터넷 신문을 읽어요.
3. 외국인들(*Ausländer*)이 한국 드라마를 많이 봐요.
4. 유튜브에 건강 프로그램이 많아요.
5. 텔레비전에서 곧 뉴스를 해요.
6. 우리는 신문을 구독해요.
7. 광고가 재미있어요.

___ **A** *Die Werbung ist lustig.*

___ **B** *Auf Youtube gibt es viele Gesundheitsprogramme.*

___ **C** *Viele Ausländer mögen koreanische TV-Serien.*

___ **D** *Wir abonnieren die Zeitung.*

___ **E** *Heute läuft im Radio Fußball.*

___ **F** *Im Fernsehen kommen gleich die Nachrichten.*

___ **G** *Mein Sohn liest die Internet-Zeitung.*

2

Wie heißen die Medien? Tragen Sie die Bezeichnungen ein.

인터넷 • 텔레비전/티비 • 잡지 • 신문 • eBook/전자책 • 라디오

1. ____________ 2.  3 

4. ____________ 5. ____________ 6 ____________

3 128

도 *auch* wird an ein Nomen angehängt und ersetzt **이/가** und **을/를**.

서준 씨**가** 신문을 읽어요. → 지희 씨**도** 신문을 읽어요.

서준 씨가 신문**을** 읽어요. → 서준 씨가 잡지**도** 읽어요.

LÖSUNG

1 1E; 2G; 3C; 4B; 5F; 6D; 7A • **2** 1잡지; 2eBook/전자책; 3라디오; 4신문; 5인터넷; 6텔레비전/티비

4 129

서준 unterhält sich mit 지희 über Medien. Lesen Sie den Dialog und füllen Sie die Lücken aus.

서준: 지희 씨, 요즘 무슨 신문을 읽어요?

지희: 저는 인터넷 신문을 읽어요.

서준: 지희 씨 오빠도 인터넷 신문을 읽어요?

지희: 아니요, 우리 오빠는 일간지 *Tageszeitung* 를 읽어요. 오빠는 스포츠 *Sport* 를 좋아해요. 그래서 스포츠 잡지도 많이 읽어요. 서준 씨도 스포츠 잡지 읽어요?

서준: 아니요, 스포츠 잡지는 안 읽어요. 토요일 저녁에 티비에서 스포츠 뉴스를 해요. 재미있어요. 지희 씨는 요즘 무슨 TV 프로그램을 봐요?

지희: 저는 예능을 봐요. 그리고 드라마도 봐요.

1. 지희 씨는 ____________을 읽어요.
2. 지희 씨 오빠는 ____________를 읽어요.
   그리고 ____________도 읽어요.
3. 서준 씨는 ____________로 스포츠 뉴스를 봐요.
4. 지희 씨는 요즘 ______을 봐요. ____________도 봐요.

Um zu fragen, ob man etwas weiß oder eine Person kennt, verwendet man das Verb **알다** *wissen/kennen*. Man fragt: **알아요?** und antwortet: **네, 알아요** *Ja, ich weiß*.

Achtung! Das Gegenteil zu **알다** ist **모르다**. Die verneinende Antwort heißt daher **아니요, 몰라요** *Nein, ich weiß nicht* - nicht **안 알아요**. Einen Ausdruck wie das *Doch!* im Deutschen gibt es im Koreanischen nicht. Auf eine Frage mit Negation wird so geantwortet: **안 가요? - 아니요, 가요** *Doch, ich gehe.* / **네, 안 가요** *Nein, ich gehe nicht.*

Beantworten Sie die Fragen mit **알아요/몰라요**.

그 라디오 프로그램 *Programm* 알아요?

1. 네, ________________. *Ja, ich kenne es.*

2. 아니요, ________________. *Nein, ich kenne es nicht.*

이 영화 몰라요?

3. ________________. *Doch, ich kenne ihn.*

4. ________________. *Nein, ich kenne ihn nicht.*

LÖSUNG

4 1인터넷 신문; 2일간지, 스포츠 잡지; 3티비; 4예능, 드라마 • **5** 1알아요; 2몰라요; 3아니요, 알아요; 4네, 몰라요

1

Können Sie die Begriffe aus Kunst und Kultur zuordnen?

___ **A** 공연장 ___ **B** 발레 ___ **C** 박물관 ___ **D** 콘서트

___ **E** 영화 ___ **F** 건축 ___ **G** 오페라 ___ **H** 그림

1

2

3

4

5

6

7

8

2

Korea bietet für Touristen eine Vielfalt von Kunst und Kultur. In Seoul gibt es z. B. Stadtteile, die mit attraktiven Straßentheatern, Musicals und Konzerten hauptsächlich junge Menschen anziehen. In den 1970er Jahren gab es eine Kunstbewegung, wodurch viele Kammertheater (**소극장**) entstanden. In dieser Zeit wurde in Korea auch zum ersten Mal **사물놀이** *Samulnori* bekannt, das meist mit vier koreanischen traditionellen Schlaginstrumenten - **장구, 징, 북, 꽹과리** - gespielt wird. Es basiert auf **풍물놀이** *Pungmulnori*, das früher als ein Ritual unter den Bauern abgehalten wurde. **사물** *vier Dinge* **놀이** *Spiel* wird im Sitzen gespielt und ist auch bei Touristen beliebt.

3 

Welche deutschen Wörter sind in den Buchstabenschlangen versteckt?

1. 관객	IBVBPUBLIKUMIZTGESCJLL
2. 자리	XYUGEDNOUNKPLATZEFVM
3. 열	NOORREIHEDEWPOANDESD
4. 코미디	DURARUWIKRGFKOMOEDIEB

LÖSUNG

1 1H; 2D; 3B; 4E; 5G; 6F; 7C; 8A • **3** 1PUBLIKUM; 2PLATZ; 3REIHE; 4KOMÖDIE

4

한류 *Koreanische Welle* ist ein soziokulturelles Phänomen, das sich in den 1990er Jahren entwickelte, in denen koreanische TV-Serien in andere asiatische Länder, beginnend in China, explosiv exportiert und dort populär wurden. In den 2010er Jahren verlagerte sich der Trend zu K-Pop, der heute von Asien über die USA und Europa bei vielen jungen Menschen beliebt ist. Jedoch beschränkt sich **한류** nicht nur auf K-Dramen und K-Pop. Auch Filme, Games und Animation tragen die koreanische Kultur mit.

5

Man verbietet eine Handlung mit **-지 마세요** *Tun Sie (es) nicht.* Für die Satzbildung hängt man an den Verbstamm **지 마세요** an, unabhängig davon, ob ein Verbstamm auf einem Vokal oder auf einem Konsonanten endet.

6 § 16 👂 132

Verbinden Sie die passenden Satzhälften.

1. 공연장에서 핸드폰을 ____ **A** 찍지 마세요

2. 박물관에서 사진을 ____ **B** 피우지 마세요

3. 극장에서 담배를 ____ **C** 켜지 마세요

켜다 *einschalten* • **담배를 피우다** *eine Zigarette rauchen*

Achtung! 극장 kann sowohl *Kino* (alternativ: **영화관**) als auch *Theater* (alternativ: **공연장**) heißen.

7 133

Verbinden Sie die Sätze mit den passenden Künstlern. Die Vokabeln unten helfen Ihnen dabei.

1. 그림을 그려요	___ **A** 오페라 가수예요
2. 연극을 해요	___ **B** 발레리나예요
3. 오페라에서 노래해요	___ **C** 건축가예요
4. 영화에 출연해요	___ **D** 뮤지컬 가수예요
5. 뮤지컬에 출연해요	___ **E** 연극 배우예요
6. 발레를 해요	___ **F** 화가예요
7. 집을 설계해요	___ **G** 영화 배우예요

그림 *Bild* ▪ **그리다** *malen* ▪ **노래하다** *singen* ▪ **설계하다** *entwerfen* ▪ **배우** *Schauspieler/in* ▪ **가수** *Sänger/in* ▪ **화가** *Maler/in* ▪ **출연하다** *auftreten* ▪ **발레리나** (≠ **발레리노**) *Balletttänzerin* ▪ **건축가** *Architekt/in*

LÖSUNG

6 1C; 2A; 3B ▪ **7** 1F; 2E; 3A; 4G; 5D; 6B; 7C

1 Grammatik

In der Grammatik werden alle im Kurs behandelten Regeln anschaulich erklärt. Das Symbol §, das Sie in den Lektionen immer wieder gefunden haben, verweist auf die jeweiligen Grammatikthemen, die Sie auf den nächsten Seiten nachlesen können.

2 Lektionswortschatz

Im Lektionswortschatz finden Sie alle wichtigen Wörter und einige Sätze aus jeder Lektion. So können Sie den Wortschatz lektionsweise und thematisch lernen.

3 Alphabetische Wortliste

1 DAS KOREANISCHE VERB

Im Koreanischen unterscheidet man drei Sprechformen: 1. formell-höfliche Sprechform, 2. informell-höfliche Sprechform und 3. familiär-vertraute Sprechform.

1. Die **formell-höfliche Sprechform** wird gegenüber älteren Menschen, sozial höhergestellten Personen und Fremden benutzt. Sie wird in formellen Situationen und bei offiziellen Anlässen z. B. in Nachrichtensendungen, geschäftlichen Meetings und im Gespräch mit einem Kunden verwendet.

2. Die **informell-höfliche Sprechform** ist im heutigen gesprochenen Koreanischen die häufigste Sprechweise und wird meist in einer informellen Situation benutzt. Die Fragen und Antworten haben die gleichen Verbendungen: Bei Fragen geht die Stimme am Satzende nach oben, bei Antworten nach unten.

3. Die **familiär-vertraute Sprechform** wird unter den Freunden und gegenüber jüngeren Menschen benutzt.

Im koreanischen Satz steht das Verb immer am Satzende. Die Grundform eines koreanischen Verbes besteht aus dem Verbstamm und der Grundformendung **다**. Die koreanischen Verben kennen keine Konjugation: Man hängt an den Verbstamm die entsprechende Endung an. Eine Endung kann unter anderem Höflichkeit, Zeitstufen, Konjunktionen und Modalverben ausdrücken.

2 DAS VERB -이에요/예요

Das Verb **이다** ist mit dem Verb *sein* im Deutschen zu verglei-chen. **이에요/예요** ist die informell-höfliche Form und wird immer an ein Nomen angehängt.

	Präsens	Vergangenheit
Wenn ein Nomen auf einem Konsonanten endet	**N** + 이에요	**N** + 이었어요
Wenn ein Nomen auf einem Vokal endet	**N** + 예요	**N** + 였어요

저는 독일 사람이에요.

Ich bin Deutsche/r.

이분이 미라 씨예요.

Das ist Mira.

저는 회사원이었어요.

Ich war Firmenangestellte/r.

이분이 제 의사였어요.

Das war mein/e Arzt/Ärztin.

3 PRONOMEN

Die Personalpronomen

Singular	Plural
나 - *ich*	우리 - *wir*
저 - *ich* (höfliche Form)	저희 - *wir* (höfliche Form)
너 - *du*	너희 - *ihr*
당신 - *Sie*	당신들 - *Sie*
그 - *er*	그들 - *sie*
그녀 - *sie*	그녀들 - *sie*

Die Demonstrativpronomen

Demonstrativpronomen im Koreanischen haben keine Pluralform und stehen vor Personen oder Sachen. Wenn der Sprecher Personen oder Sachen räumlich nah empfindet, verwendet man **이** *diese/r/s.* Empfindet man Personen oder Sachen räumlich entfernt, verwendet man **저** *jene/r/s.*

이 und **저** können mit **것** *Ding* oder **분** *Mensch* (höfliche Form) zusammen ein Wort bilden.

Singular	Plural
이 사람 *dieser Mensch*	이 사람들 *diese Menschen*
저 여자 *jene Frau*	저 여자들 *jene Frauen*
이것/ 저것 *dieses Ding / jenes Ding*	이것들/저것들 *diese Dinge / jene Dinge*
이분/저분 *dieser Mensch / jener Mensch*	이분들/저분들 *diese Menschen / jene Menschen*

Die Objektpronomen

Die Objektpronomen werden mit der Partikel **-을/를** (Objektpartikel) gebildet. Man hängt die Partikel **를** an, wenn ein Pronomen auf einem Vokal endet. Sonst hängt man die Partikel **을** an.

나를 - *mich*	그를 - *ihn*
저를 - *mich*	이것을 - *dieses*
그녀를 - *sie*	당신을 - *Sie*

Die Possessivpronomen

Possessivpronomen werden mit der Partikel **-의** gebildet und steht vor einem Nomen. Bei den Personalpronomen **나, 너** und **저** wird meist die kurze Form **내/네/제** benutzt.

4 DIE PARTIKEL

Die Partikeln im Koreanischen übernehmen die Funktionen der Artikel oder Präpositionen im Deutschen. Sie werden an Nomen angehängt.

Die Subjektpartikel 이/가

Die Partikel **이/가** wird an Nomen, die sich auf das Subjekt eines Satzes bezieht, angehängt. **이** wird an Nomen, die auf einem Konsonanten enden, **가** wird an Nomen, die auf einem Vokal enden, angehängt.

제 **선생님이** 한국 사람이에요.

Mein Lehrer/in kommt aus Korea.

다니엘 씨가 독일 사람이에요.

Daniel kommt aus Deutschland.

Bei den Personalpronomen **나**, **너** und **저** benutzt man nur die veränderten Formen:

나 + 가 = **내가**, 너 + 가 = **네가**, 저 + 가 = **제가**

Die Themapartikel 은/는

Die Partikel **은/는** wird an Nomen angehängt. Die Nomen bei den Themapartikeln beziehen sich auf das Thema eines Satzes, um wen oder um was es geht: Das Thema mit Themapartikel steht meistens am Anfang eines Satzes und das Subjekt steht nach dem Thema. Durch die Themapartikel wird ein Thema betont oder Gegensätze werden gesetzt. Fast alle Satzteile können mit der Themapartikel versehen werden. **은** wird an Nomen, die auf einem Konsonanten enden, **는** wird an Nomen, die auf einem Vokal enden, angehängt.

인욱 씨는 학생이에요.

이분은 레온 씨예요.

저는(Thema) **이름이**(Subjekt) 인욱이에요.

Was mich betrifft, heiße ich 인욱.

내일은 (Thema) **이분이** (Subjekt) 회사에 안 가요.

Was morgen betrifft, geht diese Person nicht zur Firma.

Die Objektpartikel 을/를

Die Partikel **을/를** wird an Nomen, die sich auf das Objekt eines Satzes beziehen, angehängt. **을** wird an Nomen, die auf einem Konsonanten enden, **를** wird an Nomen, die auf einem Vokal enden, angehängt.

서현 씨가 **음악을** 들어요.

다니엘 씨는 **한국어를** 배워요.

Die Possessivpartikel 의

Die Possessivpartikel 의 wird an Nomen angehängt und zeigt an, wem oder zu was eine Sache oder Person gehört.

회사**의** 이름 *der Name der Firma*

선생님**의** 모자 *die Mütze der LehrerIn*

Die Ortspartikel 에/에서

Partikel **에** wird für einen Ort verwendet, an/in dem sich jemand/etwas befindet oder zu dem eine Person hingeht (**가다**) / hinkommt (**오다**). Handelt es sich um einen Ort, an dem eine Handlung stattfindet, benutzt man die Partikel **에서**. Beide Partikeln werden direkt an ein Nomen angehängt.

미지 씨가 한국**에** 있어요. *Miji ist in Korea.*

수미 씨가 도서관**에** 가요. *Sumi geht in die Bibliothek.*

레나 씨가 회사**에서** 일해요. *Lena arbeitet bei einer Firma.*

Die Zeitpartikel 에

Partikel **에** wird an Zeitangaben angehängt und als *an, um, in* und *zu* ins Deutsche übersetzt. Bei mehreren Zeitangaben, deren Reihenfolge Datum, Wochentag, Tageszeit und Uhrzeit ist, hängt man **에** nur an die letzte Zeitangabe an. Eine Zeitangabe steht meistens vor einer Ortsangabe in einem Satz.

수진 씨는 월요일 오전 여섯 시**에** 운동해요.

Sujin macht **am** *Montag um 6 Uhr vormittags Sport.*

레나 씨는 삼 월**에** 한국**에** 가요.

Lena geht **im** *März nach Korea.*

Die Partikel 하고

Die Partikel **하고** wird an Nomen angehängt und hat zwei Bedeutungen: *und* und *mit (jemandem)*.

병원이 약국**하고** 학교 사이에 있어요.

Das Krankenhaus ist zwischen der Apotheke **und** *der Schule.*

오늘 여자 친구**하고** 수영장에 가요.

Ich gehe heute **mit** *der Freundin ins Schwimmbad.*

Die Partikel für Zeitdauer -부터 -까지

Die Partikel **부터** wird an die Anfangszeit angehängt und die Partikel **까지** an die Endzeit. Sie können einzeln und zusammen benutzt werden.

아침**부터** 저녁**까지** *von morgens bis abends*

오늘**부터** *ab heute*

Die Partikel 에게/한테

Die Partikeln **에게** und **한테** haben die gleiche Bedeutung *(zu) jemandem*. **한테** wird in einer umgangssprachlicheren Situation benutzt.

인욱 씨는 어머니**에게/한테** 편지를 보내요.

Inuk schickt der Mutter einen Brief.

Die Partikel für Plural 들

Im Koreanischen gibt es keine Pluralform für die Nomen, die gezählt werden: Man setzt vor die Zählwörter die entsprechenden koreanischen Zahlen. Z. B.: 학생 **한** 명 *ein Schüler*, 의사 **두** 명 *zwei Ärzte*. Die Partikel **들** steht für die Pluralform und bezeichnet oft die Gesamtheit einer Gruppe.

학생**들** *die Studierenden*

친구**들** *die Freunde*

Die Partikel -도 auch

Die Partikel **도** *auch* wird an das entsprechende Nomen angehängt und ersetzt die Partikeln **이/가**, **은/는** und **을/를**. **도** kann auch mit anderen Partikeln kombiniert werden und steht dann immer an letzter Stelle.

제니 씨가 김치를 좋아해요. 수진 씨**도** 김치를 좋아해요.

Jenny mag Kimchi. Auch Sujin mag Kimchi.

제니 씨가 사과를 좋아해요. 제니 씨가 포도**도** 좋아해요.

Jenny mag Apfel. Jenny mag auch Trauben.

수진 씨는 월요일에 일해요. 수진 씨는 주말**에도** 일해요.

Sujin arbeitet am Montag. Sujin arbeitet auch am Wochenende.

Die Instrumentalpartikel -(으)로

Wenn man ein Verkehrsmittel benutzt, um zu einem Ort zu gelangen, sagt man im Koreanischen **-(으)로** (*mit*) **가요** (*gehen*), egal, welches Verkehrsmittel man benutzt. **(으)로** wird direkt an Verkehrsmittel angehängt. Wenn die letzte Silbe eines Nomens auf einem Vokal oder auf dem Konsonanten **ㄹ** endet, wird **로**, sonst wird **으로** angehängt. Z. B.: 버스로, 비행기로, 지하철로; 지하철 6호선 (*U-Bahn Linie 6*) 으로.

5 GEGENWART

Die Gegenwartsform im Koreanischen wird meist für allgemeine Aussagen oder Feststellungen in der Gegenwart verwendet.

저는 슈퍼마켓에서 **일해요**. *Ich arbeite in einem Supermarkt.*

제 남편은 아주 **커요**. *Mein Mann ist sehr groß.*

Sie wird aber auch benutzt, um sich regelmäßig wiederholende Handlungen oder die nahe Zukunft zu beschreiben, wobei oft Signalwörter wie **보통** *gewöhnlich*, **오늘 오후에** *heute Nachmittag* oder **주말에** *am Wochenende* vorkommen.

레나 씨는 **보통** 아침을 **먹어요**. *Lena frühstückt gewöhnlich.*

미지 씨는 **오후에** 친구를 **만나요**. *Miji trifft am Nachmittag die Freunde.*

Verbendung für die formell-höfliche Form

Verb	Aussagesatz	Fragesatz
Verbstamm endet auf Vokal: 가다	Verbstamm + **-ㅂ니다** **갑니다**	Verbstamm + **-ㅂ니까** **갑니까?**
Verbstamm endet auf Konsonanten: 먹다	Verbstamm + **-습니다** **먹습니다**	Verbstamm + **-습니까** **먹습니까?**
Verb *sein* 이다	Verbstamm + **-ㅂ니다** **입니다**	Verbstamm + **-ㅂ니까** **입니까?**

Verbendung für die informell-höfliche Form

1. Enthält die letzte Silbe eines Verbstamms die Vokale ㅏ oder ㅗ, wird an den Verbstamm die Endung **아요** angehängt.

받다	bekommen, nehmen	**받 + 아요 = 받아요**
좋다	gut sein	**좋 + 아요 = 좋아요**

2. Bei anderen Vokalen in der letzten Silbe eines Verbstamms wird an den Verbstamm die Endung **어요** angehängt.

먹다	essen	**먹 + 어요 = 먹어요**
있다	haben, sich befinden	**있 + 어요 = 있어요**

3. Endet der Verbstamm auf einem Vokal, werden der Vokal und die Endung 아/어 meistens zusammengesetzt.

가다	gehen	**가 + 아요 = 가요**
오다	kommen	**오 + 아요 = 와요**
마시다	trinken	**마시 + 어요 = 마셔요**
보내다	schicken, verbringen	**보내 + 어요 = 보내요**

4. Bei allen Verben, die mit **하다** enden, wird 하다 zu **해요.**

요리하다	kochen	**요리하다 → 요리해요**
준비하다	vorbereiten	**준비하다 → 준비해요**

6 VERGANGENHEIT

Die Vergangenheitsform für die informell-höfliche Form: Man hängt an die letzte Silbe vor -요 der informell-höflichen Form **-ㅆ어** an. Z. B.: **가요 → 갔어요**; **더워요 → 더웠어요**

Die Vergangenheitsform für die formell-höfliche Form: Man hängt an die letzte Silbe vor -요 in der informell-höflichen Form **-ㅆ습니다** an , wobei die Endung -요 wegfällt. Z. B.: **가요 → 갔습니다**;

더워요 → 더웠습니다

7 UNREGELMÄSSIGE VERBEN

Unregelmäßige Verben auf ㅂ

Wenn ein Verbstamm auf **ㅂ** endet und darauf Vokal wie **아**, **어** folgt, wird **ㅂ** meistens zu **우**. Aus **우** wird mit der Endung **어요** für die informell-höfliche Sprechform **워요** gebildet.

맵다	*scharf sein*	**매우 + 어요**	**매워요**
덥다	*heiß sein*	**더우 + 어요**	**더워요**

Achtung! Bei **돕다** wird **ㅂ** zu **오**.

돕다	*helfen*	**도오 + 아요**	**도와요**

Achtung! Einige Verben mit **ㅂ** sind regelmäßig: Hier ändert sich **ㅂ** nicht. Z. B.: **잡다** *fangen*, **접다** *falten*

Unregelmäßige Verben auf ㄷ

Wenn ein Verbstamm auf **ㄷ** endet und darauf ein Vokal folgt, wird **ㄷ** zu **ㄹ**.

듣다	*hören*	**들 + 어요**	**들어요**
걷다	*zu Fuß gehen*	**걸 + 어요**	**걸어요**

Achtung! Einige Verben mit **ㄷ** sind regelmäßig: Hier ändert sich **ㄷ** nicht. Z. B.: **받다** *bekommen*, **닫다** *schließen*

Unregelmäßige Verben auf —

Endet ein Verbstamm auf dem Vokal **—**, lässt man diesen bei der informell-höflichen Sprechform weg und hängt die Endung

ㅏ요/ㅓ요 an. Wenn die vorige Silbe den Vokal ㅏ oder ㅗ enthält, wird **ㅏ요**, bei allen anderen Vokalen **ㅓ요** angehängt. Endet das Verb einsilbig, wird **ㅓ요** angehängt.

쓰다	*schreiben, bitter sein, aufsetzen*	**ㅆ + ㅓ**	**써요**
바쁘다	*beschäftigt sein*	**바ㅃ + ㅏ**	**바빠요**
예쁘다	*hübsch sein*	**예ㅃ + ㅓ**	**예뻐요**

Unregelmäßige Verben auf 르

Wenn ein Verbstamm auf **르** endet und ein Vokal **아(았)/어(었)** angehängt wird, wird der Vokal **ㅡ** in der Silbe **르** weggelassen und wird dafür das **ㄹ** verdoppelt. Ein **ㄹ** wird in den Auslaut der ersten Silbe geschrieben, in der zweiten Silbe steht das zweite **ㄹ** vor der Verbendung **아요/어요**. Wenn die Silbe vor **르** den Vokal **ㅏ** oder **ㅗ** enthält, wird **ㅏ요**, bei allen anderen Vokalen **ㅓ요** angehängt.

모르다	*nicht wissen*	**모르 + 아 → 몰라요**
부르다	*singen, nennen, rufen*	**부르 + 어 → 불러요**
빠르다	*schnell sein*	**빠르 + 아 → 빨라요**

8 VERNEINUNG MIT 안

Ein Satz wird verneint, indem das Adverb **안** vor dem Verb eingefügt wird. **안** steht direkt vor dem Verb: 폴더를 열다 - 폴더를 **안 열다**. Bei den Verben mit 하다 steht **안** direkt vor

하다: 저장하다 - 저장 **안 하다**; 복사하다 - 복사 **안 하다.** Achtung! Eigenschaftsverben mit 하다 sind Ausnahmen und 안 steht vor dem Verb. Z. B.: 조용하다 *still sein* - **안 조용하다.**

점심 먹었어요?	아니요, **안 먹었어요**.
Hast du zu Mittag gegessen?	*Nein, ich habe nicht zu Mittag gegessen.*
프린트했어요?	아니요, **프린트 안 했어요**.
Hast du gedruckt?	*Nein, ich habe nicht gedruckt.*
피곤해요?	아니요, **안 피곤해요**.
Bist du müde?	*Nein, ich bin nicht müde.*

9 DIE NOMINALISIERUNG

Man kann ein koreanisches Verb nominalisieren, indem man an einen Verbstamm **-기** anhängt. Z. B.: **말하 +기 = 말하기** *das Sprechen.*

한국어 말하기가 재미있어요.
Koreanischsprechen macht Spaß.

10 VORSCHLAG MIT -(으)ㄹ까요?

-(으)ㄹ까요 *sollen wir* wird benutzt, wenn man etwas vorschlägt oder nach einer Meinung des Gesprächspartners fragt. Für die Satzbildung wird an den Verbstamm, der auf einem Vokal oder **ㄹ** endet, **ㄹ까요** und an den Verbstamm, der auf einem Konsonanten außer **ㄹ** endet, **을까요** angehängt.

산책하다	(우리 같이) **산책할까요**? *Sollen wir gemeinsam spazieren gehen?*
저녁을 먹다	(우리 같이) 저녁을 **먹을까요**? *Sollen wir gemeinsam zu Abend essen?*
음식을 만들다	(우리 같이) 음식을 **만들까요**? *Sollen wir gemeinsam kochen?*

11 DAS MODALVERB -고 싶다 MÖCHTEN

-고 싶다 wird benutzt, wenn man das Modalverb *möchten* ausdrücken will. Unabhängig davon, ob ein Verb auf einem Konsonanten oder auf einem Vokal endet, hängt man für die Satzbildung an den Verbstamm **고 싶어요** an.

뭐 **하고 싶어요**? *Was möchtest du tun?*

책을 **읽고 싶어요**. *Ich möchte ein Buch lesen.*

12 DIE VERLAUFSFORM -고 있다

Mit -**고 있다** beschreibt man das, was gerade abläuft, oder eine wiederholte Handlung. Für die Handlung, die gerade abläuft, verwendet man gewöhnlich **지금**. Wenn die Handlung wiederholt wird, verwendet man **요즘**. Unabhängig davon, ob ein Verb auf einem Konsonanten oder auf einem Vokal endet, hängt man für die Satzbildung an den Verbstamm **고 있어요** an.

지금 **청소하고 있어요**.

Ich bin gerade beim Saubermachen.

요즘 클래식 음악을 **듣고 있어요.**

Zur Zeit höre ich klassische Musik.

13 VORHABEN ODER ABSICHT MIT -(으)려고 하다

Mit **-(으)려고 하다** *ich habe vor, etwas zu tun* drückt man das Vorhaben oder die Absicht des Sprechers aus. Für die Satzbildung wird an den Verbstamm, der auf einem Vokal oder **ㄹ** endet, **려고 하다** und an den Verbstamm, der auf einem Konsonanten außer **ㄹ** endet, **으려고 하다** angehängt.

이번 주말에 뭐해요? *Was machst du am Wochenende?*

쇼핑을 **하려고 해요.** *Ich habe vor, shoppen zu gehen.*

음악을 **들으려고 해요.** *Ich habe vor, Musik zu hören.*

14 HÖFLICHE BITTE MIT -(으)세요

Um die höfliche Befehlsform *tun Sie bitte …* zu bilden, hängt man im Koreanischen die Endung -**(으)세요** an. Endet ein Verbstamm auf einem Konsonanten außer **ㄹ**, hängt man 으세요, wenn ein Verbstamm auf einem Vokal oder **ㄹ** endet, hängt man 세요 an.

이 책을 **읽으세요**. *Bitte lesen Sie dieses Buch.*

여기에서 지하철을 **타세요**. *Bitte nehmen Sie hier die U-Bahn.*

15 -(으)러 가다/오다

Mit **-(으)러 가다/오다** drückt man aus, zu welchem Zweck man zu einem Ort hingeht oder hinkommt. Die Zeitstufe kann nur bei **가다/오다** ausgedrückt werden. Man hängt **러** an den Verbstamm an, der auf einem Vokal oder **ㄹ** endet, an den Verbstamm, der auf einem Konsonanten außer **ㄹ** endet, wird **으러** angehängt.

영화를 **보러** 영화관에 **가요**.

Man geht ins Kino, um sich einen Film anzuschauen.

책을 **읽으러** 도서관에 **갔어요**.

Man ging in die Bibliothek, um Bücher zu lesen.

16 VERBOT MIT -지 마세요

Mit -**지 마세요** drückt man im Koreanischen ein Verbot aus. Unabhängig davon, ob ein Verbstamm auf einem Konsonanten oder auf einem Vokal endet, hängt man **지 마세요** an.

오늘 **운동하지 마세요**. *Machen Sie heute keinen Sport.*

아침을 **먹지 마세요.** *Frühstücken Sie nicht.*

17 ZEITANGABE MIT -(으)ㄹ 때

Mit der Nebensatzendung **-(으)ㄹ 때** kann man die Zeit, in der man etwas tut, oder die Zeit, in der etwas sich ereignet, zum Ausdruck bringen. Endet ein Verbstamm auf einem Vokal oder **ㄹ**, wird **ㄹ 때**, endet er auf einem Konsonanten außer **ㄹ**, wird **을 때** angehängt.

친구를 **만날 때** 보통 커피숍에 가요.

Wenn ich meine Freunde treffe, gehe ich normalerweise ins Café.

시간이 **있을 때** 영화를 봐요.

Wenn ich Zeit habe, schaue ich mir einen Film an.

18 ZÄHLWÖRTER

Um Menschen, Dinge, Alter und Stunden zu zählen, braucht man im Koreanischen neben den koreanischen Zahlen noch Zählwörter.

Zählwort	Anwendung	Beispiel	
개	Stück (Dinge)	**사과 한 개**	ein Apfel
권	Bücher	**책 두 권**	zwei Bücher
명, 사람, 분 (höfliche Form)	Personen	**학생 다섯 명** **선생님 세 분**	fünf Schüler drei Lehrer

병	Flaschen	**물 네 병**	vier Flaschen Wasser
마리	Tiere	**고양이 열 마리**	zehn Katzen
잔	Tassen, Gläser, Becher	**커피 여섯 잔**	sechs Tassen Kaffee
살	Alter	**스무 살**	zwanzig Jahre alt
시	Uhrzeit für Stunde	**일곱 시**	sieben Uhr

19 HONORATIVE AUSDRÜCKE

Für die höfliche Bitte wird die Endung **-(으)세요** benutzt. Diese Endung ist aus der honorativen Verbstammerweiterung **(으)시** und der Endung **요** entstanden. **(으)시** wird benutzt, wenn Ältere, Höhergestellte und Fremde das Subjekt des Satzes sind. Diese Sprechform ist vergleichbar mit dem Siezen im Deutschen.
-(으)세요: verwendet man für die informell-höfliche Sprechform und **-(으)십니다/(으)십니까** für die formell-höfliche Sprechform.

Z. B.:

어서 **오세요/오십시오** *Willkommen.*

뭐 **찾으세요/찾으십니까**? *Was suchen Sie?*

Man kann auch die Silbe **겠** nach der Silbe **시** einschieben, wenn z. B. die Bedienung oder der Verkäufer höflich den Kunden nach seinem Wunsch fragen will.

Z. B.:

뭐 **주문하시겠습니까**?

Was möchten Sie bestellen?

카드로 **하시겠어요**, 현금으로 **하시겠어요**?

Möchten Sie mit Karte oder bar zahlen?

계산하시겠습니까?

Möchten Sie zahlen?

Oder wenn man am Telefon höflich sein will:

좀 **전해주시겠습니까**?

Könnten Sie ihm/ihr bitte sagen, dass ...?

PRONOMEN, PARTIKEL UND BINDEWÖRTER

나	*ich*
저	*ich (höflich)*
제	*mein/e*
우리	*wir; unser/e*
-은/-는	Themapartikel
-이/-가	Subjektpartikel
-을/-를	Objektpartikel
-에	*nach, in, zu* [Ortspartikel]
-에서	*in, an* [Ortspartikel]
-하고	*und; mit (jemandem)*
-의	Genitivpartikel
-(으)로	*mit* [Verkehrsmittel]; *nach, in* [Richtung]
이	*diese/r/s*
저	*jene/r/s*
-도	*auch*
-부터	*ab; seit*
-까지	*bis*
-들	Pluralmarker
안	*nicht*
그리고	*und*
그런데	*aber*
그래서	*deswegen*
하지만	*aber*

FRAGEWÖRTER

언제	*wann*
뭐	*was*
몇	*wie viele*
어느	*welche/r/s*
어디	*wo*
얼마나	*wie lange; wie viel* [Menge]
얼마	*wie viel* [Preis]
왜	*warum*
어떻게	*wie*
무슨	*was für ein/e; welche/r*

ZAHLEN - KOREANISCH/ SINO-KOREANISCH

하나/일	*eins*
둘/이	*zwei*
셋/삼	*drei*
넷/사	*vier*
다섯/오	*fünf*
여섯/육	*sechs*
일곱/칠	*sieben*
여덟/팔	*acht*
아홉/구	*neun*
열/십	*zehn*
스물/이십	*zwanzig*
서른/삼십	*dreißig*
마흔/사십	*vierzig*
쉰/오십	*fünfzig*
예순/육십	*sechzig*
일흔/칠십	*siebzig*
여든/팔십	*achtzig*
아흔/구십	*neunzig*
-/백	*hundert*
-/천	*tausend*
-/만	*zehntausend*
-/십만	*hunderttausend*
-/백만	*Million*
-/영; bei Telefonnummern: 공	*null*

ZÄHLWÖRTER UND EINHEITEN

명 Zählwort für Menschen
분 Zählwort für Menschen (höflich)
개 Zählwort für einen Großteil der Lebensmittel und Gegenstände
병 Zählwort für Flaschen
잔 Zählwort für Gläser und Tassen, mit Getränk befüllt
마리 Zählwort für Tiere
봉지 Zählwort für Tüten
통 Zählwort für Papierschachteln
모 Zählwort für Tofu
팩 Zählwort für Tetrapak-Verpackungen
캔/깡통 Zählwort für Dosen
단 *Bund*
킬로(그램) *Kilogramm*
리터 *Liter*

1 SILBENAUFBAU

나라 *Land, Staat*
포도 *Traube*
구두 *Lederschuhe*
나무 *Baum*
모자 *Mütze, Hut*
비누 *Seife*
회사 *Firma, Unternehmen*
바나나 *Banane*
사과 *Apfel*
머리 *Kopf*
돼지 *Schwein*
시계 *Uhr*
의자 *Stuhl*
이끼 *Moos*
저기 *da, dort*
야구 *Baseball*
우유 *Milch*
요리 *Kochen, Gericht*
강 *Fluss*
산 *Berg*
딸기 *Erdbeere*
국 *Suppe*
밖 *draußen*
부엌 *Küche*
문 *Tür*
만 *zehntausend*
곧 *bald*
맛 *Geschmack*
낮 *Tag*
꽃 *Blume*
밭 *Acker*
히읗 Name des Konsonanten ㅎ
달 *Mond*
말 *Worte; Pferd*
발 *Fuß*
감 *Kaki*
댐 *Damm*
밤 *Nacht; Kastanie*
밥 *gekochter Reis*
집 *Haus, Wohnung; Zuhause*
앞 *vorne*

숲	*Wald*
방	*Zimmer*
공	*Ball; null*
꽃병	*Vase*
강물	*Flusswasser*
인터넷	*Internet*
방문	*Besuch*
배달	*Lieferung*
김밥	*Gimbap (Algen-Reis-Rolle)*
무릎	*Knie*
선물	*Geschenk*
링크	*Link*
백화점	*Kaufhaus*
공원	*Park*
한국	*Südkorea*
알람	*Wecker*
화산	*Vulkan*
쇼핑	*Shoppen*
약국	*Apotheke*
이메일	*E-Mail*
얼굴	*Gesicht*
만두	*Maultasche*
엄마	*Mama*
컴퓨터	*Computer*
반찬	*Beilage*
우산	*Regenschirm*
서울	*Seoul*
온라인	*online, Online-*
택시	*Taxi*

2 AUSSPRACHEREGELN

삶	*Leben*
남산	Name eines Bergs in Seoul
있다	*vorhanden sein; haben; es gibt; sich befinden*
꽃	*Blume*
앉다	*sich setzen*
독일	*Deutschland*
학교	*Schule; Universität*
책상	*(Schreib-)Tisch*
식당	*Restaurant*
없다	*nicht vorhanden sein; nicht haben*
닭볶음	*gebratenes Hühnerfleisch*
십 분	*zehn Minuten*
넘다	*übersteigen*
감사합니다	*Vielen Dank*
신라	eines der drei Reiche im alten Korea
팔 년	*acht Jahre*
달력	*Kalender*
좋다	*gut/schön sein*
전화	*Telefon*
맏형	*der Älteste unter Brüdern*
말하다	*sagen, sprechen*
이다	*sein; heißen*
한라산	Name eines Bergs auf der Insel Jeju
국회	Nationalversammlung von Südkorea

3 KONTAKTAUFNAHME

Begrüßung

안녕	Begrüßung familiär-vertraut
안녕하세요	Begrüßung inform.-höflich

안녕하십니까	Begrüßung form.-höflich

Verabschiedung

안녕	Abschied familiär-vertraut
잘 가	Abschied inform.; zur gehenden Person
잘 있어	Abschied inform.; zur bleibenden Person
안녕히 가세요	Abschied inform.-höflich; zur gehenden Person
안녕히 계세요	Abschied inform.-höflich; zur bleibenden Person
안녕히 가십시오	Abschied form.-höflich; zur gehenden Person
안녕히 계십시오	Abschied form.-höflich; zur bleibenden Person

이다	*sein; heißen*
이분	*diese Person*
씨	inform.-höfliche Anrede
한국 사람	*Koreaner/in*
어떻게 지내요?	*Wie geht es Ihnen?*
또 만나요.	*Bis zum nächsten Mal.*
반갑습니다.	*Freut mich Sie kennenzulernen.*
잘	*gut* [Adverb]

4 ZUR EIGENEN PERSON

프랑스	*Frankreich*
한국	*Südkorea*
독일	*Deutschland*
이탈리아	*Italien*
중국	*China*
미국	*USA*
영국	*England*
일본	*Japan*
사람	*Mensch, Person*
언어	*Sprache*
한국어	*Koreanisch*
영어	*Englisch*
독일 사람	*Deutsche/r*
미국 사람	*Amerikaner/in*
중국 사람	*Chinese/Chinesin*
어느 나라 사람이에요?	*Woher kommst du?*
(저는) 한국 사람이에요.	*Ich komme aus Korea.*
네	*ja*
아니요	*nein*
이름	*Name*
생년월일	*Geburtsdatum*
나이	*Alter*
핸드폰	*Mobiltelefon*
주소	*Adresse*
에	Bezeichnung für den Bindestrich innerhalb einer Telefonnummer
년/월/일	Einheiten für Datumsangabe - Jahr/Monat/Tag
살	Zählwort bei der Altersangabe

5 BERUFE

직업	*Beruf*
... 뭐예요?	*Was ist ...?*
일하다	*arbeiten*
학교	*Schule; Universität*
공부하다	*lernen, studieren*
점원	*Verkäufer/in*
약사	*Apotheker/in*
경찰관	*Polizist/in*
변호사	*Anwalt/Anwältin*
기술자	*Techniker/in*
요리사	*Koch/Köchin*
회사	*Firma, Unternehmen*
회사원	*Angestellte/r*
병원	*Arztpraxis; Krankenhaus*
의사	*Arzt/Ärztin*
약국	*Apotheke*
경찰서	*Polizeidienststelle*
선생님	*Lehrer/in*
음식점	*Restaurant*
가수	*Sänger/in*
여자	*weibliche Person*
남자	*männliche Person*
미용사	*Friseur/Friseurin*
백화점	*Kaufhaus*
택시기사	*Taxifahrer/in*

6 FAMILIE UND FREUNDE

가족	*Familie*
딸	*Tochter*
아들	*Sohn*
아내	*Ehefrau*
남편	*Ehemann*
할머니	*Großmutter*
할아버지	*Großvater*
여자 친구	*feste Freundin*
남자 친구	*fester Freund*
엄마	*Mama*
아빠	*Papa*
부모	*Eltern*
아이들	*Kinder*
여자아이	*Mädchen*
남자아이	*Junge*
있다	*haben*
없다	*nicht haben*
형	*älterer Bruder einer männlichen Person*
언니	*ältere Schwester einer weiblichen Person*
이웃	*Nachbar/in*
친구	*Freund/in*
동료	*Kollege/-in*
누나	*ältere Schwester einer männlichen Person*
오빠	*älterer Bruder einer weiblichen Person*
동생	*jüngere Geschwister*
미혼	*ledig*

7 DATUM UND UHRZEIT

시/분/초	Einheiten für Uhrzeitangabe - Stunden/Minuten/Sekunden
오전	*Vormittag*
오후	*Nachmittag*
아침	*Morgen*

점심	*Mittag*
저녁	*Abend*
반	*halb*
전	*vor*
후	*nach*
지금 몇 시예요?	*Wie spät ist es jetzt?*
오늘	*heute*
오늘이 며칠이에요?	*Welches Datum ist heute?*
파티	*Party*
크리스마스	*Weihnachten*
생일	*Geburtstag*
봄	*Frühling*
여름	*Sommer*
가을	*Herbst*
겨울	*Winter*

8 AM TELEFON

여보세요	*Hallo?* [am Telefon]
좀	*bitte*
바꿔주다	*jemandem den Hörer geben*
잠깐만	*einen Augenblick*
기다리다	*warten*
실례지만, ...	*Entschuldigen Sie, ...*
누구세요?	*Wer ist da?*
전해주다	*ausrichten*
다시	*wieder*
말씀하다 (höfliche Form von 말하다)	*sagen; sprechen*
오다	*kommen*
지금	*jetzt; im Moment*
없다	*nicht da sein*
있다	*da sein*
맞다	*stimmen, richtig sein*
세 시	*drei Uhr*
시간	*Zeit; Stunde*
내일	*morgen*
어제	*gestern*
그럼 ... 어때요?	*Wie ist dann ...?*
만나다	*sich (mit jdm.) treffen*
좋다	*gut/schön sein*

9 UNTERWEGS

자전거	*Fahrrad*
지하철	*U-Bahn*
버스	*Bus*
비행기	*Flugzeug*
기차	*Zug*
자동차	*Auto*
배	*Schiff*
택시	*Taxi*
가다	*gehen*
호선	*(U-Bahn-)Linie*
걸어서	*zu Fuß*
스위스	*Schweiz*
실례합니다	*Entschuldigen Sie*
몇 시에	*um wie viel Uhr*
출발하다	*abfahren*
네 시 반	*vier Uhr dreißig*
갈아타다	*umsteigen*
바로	*direkt*
도착하다	*ankommen*

10 IN DER STADT

Lagenbeschreibung

건너편에	*gegenüber*
왼쪽에	*links*

오른쪽에	*rechts*
사이에	*zwischen*
앞에	*vor; vorne*
뒤에	*hinter; hinten*
옆에	*neben; nebenan*
위에	*über; auf*
아래에	*unter; unten*
안에	*in; innen*
도시	*Stadt*
건물	*Gebäude*
가게	*Laden, Geschäft*
공원	*Park*
쇼핑 센터	*Einkaufszentrum*
박물관	*Museum*
다리	*Brücke*
있다	*es gibt, vorhanden sein*
벤치	*(Sitz-)Bank*
그림	*Bild, Gemälde*
보다	*(sich) etw. anschauen*
운동하다	*Sport machen*
영화	*Film*
쇼핑하다	*shoppen*
맥주	*Bier*
마시다	*trinken*
산책하다	*spazieren gehen*
수영하다	*schwimmen*
고궁	*alter Palast*
구경하다	*sich etw. anschauen, besichtigen*

11 FREIZEIT

취미	*Hobby*
요리하다	*kochen*
조깅하다	*joggen*
스키를 타다	*Ski fahren*
음악을 듣다	*Musik hören*
기타를 치다	*Gitarre spielen*
일광욕하다	*sich sonnen*
태권도를 하다	*Taekwondo machen*
춤추다	*tanzen*
콘서트에 가다	*ins Konzert gehen*
시간이 있다	*Zeit haben*
같이	*zusammen*
저녁 (식사)	*Abendessen*
먹다	*essen*
사진을 찍다	*ein Foto/Fotos machen*
걷다	*laufen, (zu Fuß) gehen*
책을 읽다	*Bücher lesen*

12 AUF DER REISE

동쪽	*Osten*
서쪽	*Westen*
북쪽	*Norden*
남쪽	*Süden*
서울	*Seoul*
부산	*Busan*
제주도	*Insel Jeju*
설악산	*Berg Seorak*
동해	*East Sea*
서해	*West Sea*
남해	*South Sea*
바다	*Meer*
산	*Berg*
섬	*Insel*
수도	*Hauptstadt*
강	*Fluss*
한강	*Fluss Hangang*
해변	*Küste, Strand*
유명하다	*bekannt sein*
많다	*viel von etw. haben*
있다	*sich (irgendwo) befinden*

궁 — *Palast*
북한 — *Nordkorea*
타워 — *Turm*
동 — *Stadtviertel*
천 — *Bach*
어느 쪽 — *welche Richtung*
오른쪽으로 — *nach rechts*
왼쪽으로 — *nach links*
가세요 — *gehen Sie*
이쪽으로 — *hierhin; hierher*
저쪽으로 — *dorthin*
곧장/쭉 — *geradeaus*
방향 — *Richtung*
타다 — *fahren; einsteigen*
내리다 — *aussteigen*
몇 번 — *welche Nummer*
몇 호선 — *welche (U-Bahn-) Linie*

13 IM HOTEL

호텔 — *Hotel*
방 — *Zimmer*
체크인 — *Check-in*
체크아웃 — *Check-out*
1인실 — *Einzelzimmer*
2인실 — *Doppelzimmer*
예약하다 — *reservieren, buchen*
-고 싶다 — *(etw. tun) möchten*
있다 (höflich: 계시다) — *bleiben, sich aufhalten*
묵다 — *übernachten*
하루 — *ein Tag*
이틀 — *zwei Tage*
얼마예요? — *Wie viel kostet es?*
아침 (식사) — *Frühstück*
포함 — *inbegriffen*
예약 — *Reservierung, Buchung*
취소하다 — *stornieren*
점심 (식사) — *Mittagessen*
음악 — *Musik*
듣다 — *hören*
책 — *Buch*
읽다 — *lesen*
친구들 — *Freunde*
리셉션 — *Empfang, Rezeption*
직원 — *Personal*
어서 오십시오 — *willkommen*
좋아요 — *gut*
특별 — *Sonder-*
가격 — *Preis*
숙박 — *Übernachtung*
원 — *koreanische Währungseinheit*
그래요? — *Ja?/Wirklich?*
와! — *Ausruf (Anerkennung, Staunen, Überraschung, Freude)*
그럼 — *dann*
알겠습니다 — *Alles klar*
식당 — *Restaurant*
되다 — *möglich sein*
여기 — *hier*
열쇠 — *Schlüssel*

14 IN DER NATUR

날씨 — *Wetter*
날씨가 어때요? — *Wie ist das Wetter?*
눈이 오다 — *schneien*
안개가 끼다 — *neblig sein*
비가 오다 — *regnen*
해가 나다 — *sonnig sein*
바람이 불다 — *windig sein*
구름이 끼다 — *wolkig sein*

지구	*Erde*
하늘	*Himmel*
달	*Mond*
별	*Stern*
밝다	*hell sein*
덥다	*warm/heiß sein*
선선하다	*kühl sein*
따뜻하다	*warm sein*
춥다	*kalt sein*
빨간색	*rot*
파란색	*blau*
초록색	*grün*
노란색	*gelb*
회색	*grau*
하얀색	*weiß*
유채꽃	*Rapsblüte*
나무	*Baum*
들	*Feld*
정원	*Garten*
장미꽃	*Rose*
예쁘다	*schön sein*
멋있다	*herrlich, wunderschön* [Landschaft]
소	*Kuh*
새	*Vogel*
말	*Pferd*
나비	*Schmetterling*
벌	*Biene*
원숭이	*Affe*
풀밭	*Wiese*
자연	*Natur*
숲	*Wald*
정말	*wirklich*

15 ESSEN UND TRINKEN

오렌지 주스	*Orangensaft*
물	*Wasser*
차	*Tee*
와인	*Wein*
커피	*Kaffee*
레모네이드	*Limonade*
생선	*Fisch*
계란	*Ei*
주스	*Saft*
사과	*Apfel*
... 주세요	*Geben Sie mir (bitte) ... / Ich hätte gerne ...*
토마토	*Tomate*
우유	*Milch*
간장	*Sojasoße*
배	*Birne*
배추	*Chinakohl*
요구르트	*Joghurt*
오징어	*Tintenfisch*
크로아상	*Croissant*
소시지	*Wurst*
치즈	*Käse*
사탕	*Bonbon*
마늘	*Knoblauch*
소고기	*Rindfleisch*
닭고기	*Hühnerfleisch*
돼지고기	*Schweinefleisch*
삼겹살	*Schweinebauch*
조개	*Muschel*
오렌지	*Orange*
포도	*Traube*
딸기	*Erdbeere*
당근	*Karotte*
파	*Lauchzwiebel*
브로콜리	*Brokkoli*
아이스크림	*Eis*
식빵	*Toastbrot*
소금	*Salz*
과일	*Obst*
야채	*Gemüse*

고기	*Fleisch*
해산물	*Meeresfrüchte*
유제품	*Milchprodukte*
빵	*Backwaren*
단 것	*Süßigkeiten*
양념	*Gewürze*
파스타	*Pasta/ital. Nudelgerichte*

16 BEIM EINKAUFEN

콜라	*Cola*
과자	*Chips, Kekse*
양파	*Zwiebel*
시리얼	*Müsli*
두부	*Tofu*
시금치	*Spinat*
사과주스	*Apfelsaft*
참치	*Thunfisch*
만 원	*10.000 Won*
어서 오세요	*willkommen*
드리다	*geben (höflich)*
감사합니다	*Vielen Dank*
천 원	*1.000 Won*

17 IM RESTAURANT

불고기	*mariniertes Rindfleisch*
제육볶음	*scharfes Schweinefleisch*
김치찌개	*Kimchi-Eintopf*
된장찌개	*Sojabohnenpaste-Eintopf*
순두부찌개	*Seidentofu-Eintopf*
비빔밥	*gekochter Reis mit Gemüse, Rindfleisch, Peperonisoße und Spiegelei*
오징어볶음	*scharf gebratener Tintenfisch mit Gemüse*
잡채	*Glasnudeln mit gebratenem Gemüse*
김치	*eingelegter scharfer Chinakohl*
나물	*gedünstetes gewürztes Gemüse*
전	*koreanische Pfannkuchen*
몇 분	*wie viele Personen*
주문하다	*bestellen*
파전	*Pfannkuchen mit Lauchzwiebeln*
음료수	*Getränke*
막걸리	*traditionelles alkoholisches Getränk aus Reis*
레몬	*Zitrone*
고추	*Peperoni*
쓰다	*bitter sein*
맛있다	*lecker sein*
맵다	*scharf sein*
시다	*sauer sein*
짜다	*salzig sein*
달다	*süß sein*
젓가락	*Stäbchen*
회	*roh zubereiteter Fisch*
후식/디저트	*Nachtisch*
카드	*Karte*
현금	*Bargeld*
계산하다	*(be-)zahlen*

18 KÖRPER UND GESUNDHEIT

팔	*Arm*
머리	*Kopf*
눈	*Auge*
어깨	*Schulter*
무릎	*Knie*
발	*Fuß*
목	*Hals*
코	*Nase*
귀	*Ohr*
배	*Bauch*
입	*Mund*
손	*Hand*
등	*Rücken*
입술	*Lippe*
턱	*Kinn*
이마	*Stirn*
이	*Zahn*
허리	*Taille*
가슴	*Brust*
엉덩이	*Gesäß*
몸	*Körper*
아프다	*krank sein; wehtun*
열	*Fieber*
열이 나다	*Fieber haben*
기침	*Husten*
기침을 하다	*husten*
컨디션	*gesundheitlicher Zustand*
컨디션이 좋다	*fit sein*
두통	*Kopfschmerzen*
두통이 있다	*Kopfschmerzen haben*
다치다	*sich verletzen*
지난	*vergangene/r/s*
주말	*Wochenende*
좀 (Abkürzung von 조금)	*bisschen*
크다	*groß sein*
작다	*klein sein*
뚱뚱하다	*dick sein*
날씬하다	*dünn/schlank sein*

19 BEIM ARZT

약	*Medikament*
사다	*kaufen*
전화하다	*anrufen*
진찰하다	*untersuchen*
대기실	*Wartezimmer*
감기	*Erkältung*
감기에 걸리다	*sich erkälten*
콧물이 나다	*eine laufende Nase haben*
속이 안 좋다	*jdm. ist schlecht*
언제부터	*seit wann*
열이 있다	*Fieber haben*
매일	*jeden Tag*
요즘	*zur Zeit*
먹다	*einnehmen*
데다	*sich verbrennen*
베다	*sich schneiden*
다리	*Bein*
부러지다	*brechen*
손가락	*Finger*
진통제	*Schmerzmittel*
해열제	*Fiebermittel*
연고	*Salbe*
반창고	*Pflaster*
기침약	*Hustensaft*
목발	*Krücke*

20 IM KAUFHAUS

여성 패션	*Damenbekleidung*
남성 패션	*Herrenbekleidung*
구두	*Lederschuhe*
슈퍼마켓	*Supermarkt*
지하	*Untergeschoss*
음식코너	*Speiseecke*
시계	*Uhr*
화장품	*Kosmetik*
스포츠 용품	*Sportartikel*
장난감	*Spielzeug*
층	*Stock, Etage*
영화관	*Kino*
커피숍/카페	*Café*
점심	*Mittag; Mittagessen*
토요일	*Samstag*
선물	*Geschenk*
먼저	*zuerst*
스카프	*Halstuch*
코너	*Bereich, Abteilung*
너무	*zu*
비싸다	*teuer sein*
아주	*sehr*
마음에 들다	*jdm. gefallen*
색	*Farbe*
옷	*Kleidung*
특히	*besonders*
그다음에	*danach*
분홍색	*rosa*
검은색/까만색	*schwarz*
베이지색	*beige*
주황색	*orange*
갈색	*braun*

21 KLEIDUNG

바지	*Hose*
원피스	*Kleid*
블라우스	*Bluse*
코트	*Mantel*
스웨터	*Pullover*
자켓	*Jacke*
셔츠	*Hemd*
치마	*Rock*
티셔츠	*T-Shirt*
뭐 찾으세요?	*Was suchen Sie?*
그냥	*einfach, nur*
좀	*mal*
사이즈	*Größe*
다른 색	*andere Farbe*
이거	*dies, das hier*
입어 보다	*anprobieren*
다음에	*nächstes Mal*
넥타이	*Krawatte*
슬리퍼	*Pantoffeln*
장갑	*Handschuhe*
선글래스	*Sonnenbrille*
양말	*Socke(n)*
벨트	*Gürtel*
운동화	*Freizeitschuhe*
목도리	*Schal*
모자	*Mütze, Hut*
안경	*Brille*
입다	*anziehen* [Kleidung]
신다	*anziehen* [Schuhe, Socken]
쓰다	*aufsetzen* [Kopfbedeckung]
매다/하다	*binden* [Krawatte, Gürtel]
손님	*Kunde/Kundin*

22 INTERNET UND COMPUTER

좋아요	*Gefällt mir*
저장하기	*Speichern*
복사하기	*Kopieren*
프린트/인쇄하기	*Drucken*
검색하기	*Suchen*
창 닫기	*Schließen*
링크	*Link*
이메일	*E-Mail*
파일	*Datei*
쓰다	*schreiben*
인터넷	*Internet*
되다	*funktionieren*
조용하다	*ruhig sein*
프린터	*Drucker*
노트북	*Laptop*
충전기	*Ladegerät*
앱/애플리케이션	*App*
마우스	*Maus*
스틱	*USB-Stick*
컴퓨터	*Computer*
아이디/사용자 이름	*Benutzername*
비밀번호/패스워드	*Passwort*
끄다	*ausschalten*
켜다	*an-/einschalten*
보내다	*schicken, senden*
입력하다	*eingeben*
연결하다	*verbinden*
드림	*von* [in Briefen, E-Mails; kommt hinter dem Namen des Verfassers]

23 WOHNEN UND HAUSHALT

거실	*Wohnzimmer*
욕실/화장실	*Bad*
부엌	*Küche*
침실	*Schlafzimmer*
현관	*Eingangsbereich, Diele*
서재	*Arbeitszimmer*
침대	*Bett*
세탁기	*Waschmaschine*
세면대	*Waschbecken*
식탁	*Esstisch*
전자레인지	*Mikrowelle*
소파	*Sofa*
옷장	*Kleiderschrank*
텔레비전	*Fernseher*
신발장	*Schuhschrank*
베개	*Kopfkissen*
냉장고	*Kühlschrank*
거울	*Spiegel*
이불	*Schlafdecke*
그릇	*Teller, Schale*
창문	*Fenster*
더럽다	*dreckig sein*
빨래	*Wäsche*
마르다	*trocknen*
길다	*lang sein*
닦다	*putzen*
청소하다	*sauber machen*
빨래하다	*Wäsche waschen*
잔디를 깎다	*Rasen mähen*
설거지하다	*Geschirr spülen*
다림질하다	*bügeln*
집	*Haus, Wohnung; Zuhause*
아파트	*Apartment*
살다	*wohnen; leben*
조금	*ein bisschen*

깨끗하다	*sauber sein*
베란다	*Balkon*

24 MEDIEN

라디오	*Radio*
축구	*Fußball*
하다	*laufen* [im Fernsehen, Radio usw.]
신문	*Zeitung*
외국인	*Ausländer*
드라마	*Drama/Dramen*
많이	*viel*
건강	*Gesundheit*
프로그램	*Programm*
텔레비전/티브이/티비	*Fernseher*
곧	*bald*
뉴스	*Nachrichten*
구독하다	*abonnieren*
광고	*Werbung*
재미있다	*lustig sein; Spaß machen*
잡지	*Magazin*
전자책/eBook	*E-Book*
유튜브	*Youtube*
일간지	*Tageszeitung*
스포츠	*Sport*
예능	*TV-Show*
알다	*kennen; wissen*
모르다	*nicht kennen; nicht wissen*
그	*der/die/das*

25 KUNST UND KULTUR

공연	*Aufführung*
공연장	*Konzertsaal, -halle; Theater*
발레	*Ballett*
콘서트	*Konzert*
건축	*Architektur*
오페라	*Oper*
관객	*Publikum, Zuschauer*
자리	*(Sitz-)Platz*
열	*Reihe*
코미디	*Komödie*
극장	*Theater; Kino*
담배	*Zigarette*
담배를 피우다	*(eine Zigarette) rauchen*
그리다	*malen*
연극	*Theater* [als Kunstform]
노래하다	*singen*
출연하다	*spielen, auftreten, mitwirken* [in einem Film, Theaterstück usw.]
뮤지컬	*Musical*
설계하다	*entwerfen; zeichnen*
발레리노/발레리나	*Balletttänzer/in*
건축가	*Architekt/in*
배우	*Schauspieler/in*
화가	*Maler/in*
소극장	*Kammertheater*
사물놀이	*Perkussion mit vier koreanischen Musikinstrumenten*
장구	*Sanduhrtrommel*
징	*Gong*
북	*Fasstrommel*
꽹과리	*kleiner Gong*
풍물놀이	*koreanische Bauernmusik*

1인실	*Einzelzimmer*
2인실	*Doppelzimmer*
가게	*Laden, Geschäft*
가격	*Preis*
가다	*gehen*
가세요	*gehen Sie*
가수	*Sänger/in*
가슴	*Brust*
가을	*Herbst*
가족	*Familie*
간장	*Sojasoße*
갈색	*braun*
갈아타다	*umsteigen*
감	*Kaki*
감기	*Erkältung*
감기에 걸리다	*sich erkälten*
감사합니다	*Vielen Dank*
감자	*Kartoffel*
강	*Fluss*
강물	*Flusswasser*
같이	*zusammen*
개	Zählwort für einen Großteil der Lebensmittel und Gegenstände
거기	*dort*
거실	*Wohnzimmer*
거울	*Spiegel*
건강	*Gesundheit*
건너편에	*gegenüber*
건물	*Gebäude*
건축	*Architektur*
건축가	*Architekt/in*
걷다	*laufen, (zu Fuß) gehen*
걸어서	*zu Fuß*
검색하기	*Suchen*
검은색/까만색	*schwarz*
겨울	*Winter*
경찰관	*Polizist/in*
경찰서	*Polizeidienststelle*
계란	*Ei*
계산하다	*(be-)zahlen*
-고 싶다	*(etw. tun) möchten*
고궁	*alter Palast*
고기	*Fleisch*
고추	*Peperoni*
곧	*bald*
곧장/쭉	*geradeaus*
공	*Ball; null*
공부하다	*lernen, studieren*
공연	*Aufführung*
공연장	*Konzertsaal, -halle; Theater*
공원	*Park*
과일	*Obst*
과자	*Chips, Kekse*
관객	*Publikum, Zuschauer*
광고	*Werbung*
괜찮아요.	*Das macht nichts.*
구경하다	*sich etw. anschauen, besichtigen*
구독하다	*abonnieren*
구두	*Lederschuhe*
구름이 끼다	*wolkig sein*
국	*Suppe*
국그릇	*Suppenschale*
국회	Nationalversammlung von Südkorea
궁	*Palast*
귀	*Ohr*
그	*der/die/das*
그냥	*einfach, nur*

그다음에	*danach*
그래서	*deswegen*
그래요?	*Ja?/Wirklich?*
그런데	*aber*
그럼	*dann*
그럼 … 어때요?	*Wie ist dann …?*
그릇	*Teller, Schale*
그리고	*und*
그리다	*malen*
그림	*Bild, Gemälde*
극장	*Theater; Kino*
금요일	*Freitag*
기다리다	*warten*
기술자	*Techniker/in*
기차	*Zug*
기침	*Husten*
기침약	*Hustensaft*
기침을 하다	*husten*
기타를 치다	*Gitarre spelen*
기혼	*verheiratet*
길다	*lang sein*
김밥	*Gimbap (Algen-Reis-Rolle)*
김치	*eingelegter scharfer Chinakohl*
김치찌개	*Kimchi-Eintopf*
-까지	*bis*
깨끗하다	*sauber sein*
꽃	*Blume*
꽃병	*Vase*
꽹과리	*kleiner Gong*
끄다	*ausschalten*
나	*ich*
나라	*Land, Staat*
나무	*Baum*
나물	*gedünstetes gewürztes Gemüse*
나비	*Schmetterling*
나이	*Alter*
날씨	*Wetter*
날씨가 어때요?	*Wie ist das Wetter?*
날씬하다	*dünn/schlank sein*
남산	*Name eines Bergs in Seoul*
남성 패션	*Herrenbekleidung*
남자	*männliche Person*
남자 친구	*fester Freund*
남자아이	*Junge*
남쪽	*Süden*
남편	*Ehemann*
남해	*South Sea*
낮	*Tag*
내리다	*aussteigen*
내일	*morgen*
냉장고	*Kühlschrank*
너무	*zu*
넘다	*übersteigen*
네	*ja*
네 시 반	*vier Uhr dreißig*
넥타이	*Krawatte*
넷/사	*vier*
년/월/일	Einheiten für Datumsangabe - Jahr/Monat/Tag
노란색	*gelb*
노래하다	*singen*
노트북	*Laptop*
누구세요?	*Wer ist da?*
누나	*ältere Schwester einer männlichen Person*
눈	*Auge; Schnee*
눈이 오다	*schneien*

뉴스 *Nachrichten*
다른 색 *andere Farbe*
다리 *Brücke; Bein*
다림질하다 *bügeln*
다섯/오 *fünf*
다시 *wieder*
다음에 *nächstes Mal*
다치다 *sich verletzen*
닦다 *putzen*
단 *Bund*
단 것 *Süßigkeiten*
달 *Mond*
달다 *süß sein*
달력 *Kalender*
닭고기 *Hühnerfleisch*
닭볶음 *gebratenes Hühnerfleisch*
담배 *Zigarette*
담배를 피우다 *(eine Zigarette) rauchen*
당근 *Karotte*
대기실 *Wartezimmer*
댐 *Damm*
더럽다 *dreckig sein*
덥다 *warm/heiß sein*
데다 *sich verbrennen*
-도 *auch*
도시 *Stadt*
도착하다 *ankommen*
독일 *Deutschland*
독일 사람 *Deutsche/r*
동 *Stadtviertel*
동료 *Kollege/-in*
동생 *jüngere Geschwister*
동쪽 *Osten*
동해 *East Sea*
돼지 *Schwein*
돼지고기 *Schweinefleisch*
되다 *möglich sein; funktionieren*
된장찌개 *Sojabohnenpaste-Eintopf*
두부 *Tofu*
두통 *Kopfschmerzen*
두통이 있다 *Kopfschmerzen haben*
둘/이 *zwei*
뒤에 *hinter; hinten*
드라마 *Drama/Dramen*
드리다 *geben (höflich)*
드림 *von [in Briefen, E-Mails; kommt hinter dem Namen des Verfassers]*
듣다 *hören*
들 *Feld*
-들 *Pluralmarker*
등 *Rücken*
따뜻하다 *warm sein*
딸 *Tochter*
딸기 *Erdbeere*
또 만나요. *Bis zum nächsten Mal.*
뚱뚱하다 *dick sein*
라디오 *Radio*
레모네이드 *Limonade*
레몬 *Zitrone*
리셉션 *Empfang, Rezeption*
리터 *Liter*
링크 *Link*
마늘 *Knoblauch*
마르다 *trocknen*
마리 Zählwort für Tiere
마시다 *trinken*

마우스	Maus
마음에 들다	jdm. gefallen
마흔/사십	vierzig
막걸리	traditionelles alkoholisches Getränk aus Reis
만	zehntausend
만 원	10.000 Won
만나다	sich (mit jdm.) treffen
만두	Maultasche
많다	viel von etw. haben
많이	viel
맏형	der Älteste unter Brüdern
말	Worte; Pferd
말씀하다 (höfliche Form von 말하다)	sagen; sprechen
말하다	sagen, sprechen
맛	Geschmack
맛있다	lecker sein
맞다	stimmen, richtig sein
매다/하다	binden [Krawatte, Gürtel]
매일	jeden Tag
맥주	Bier
맵다	scharf sein
머리	Kopf
먹다	essen; einnehmen
먼저	zuerst
멋있다	herrlich, wunderschön [Landschaft]
메인 코스	Hauptspeise
명	Zählwort für Menschen
몇	wie viele
몇 번	welche Nummer
몇 분	wie viele Personen
몇 시에	um wie viel Uhr
몇 호선	welche (U-Bahn-) Linie
모	Zählwort für Tofu
모니터	Monitor
모르다	nicht kennen; nicht wissen
모자	Mütze, Hut
목	Hals
목도리	Schal
목발	Krücke
목요일	Donnerstag
몸	Körper
무릎	Knie
무슨	was für ein/e; welche/r
묵다	übernachten
문	Tür
물	Wasser
뭐	was
뭐 찾으세요?	Was suchen Sie?
뭐예요?	Was ist ...?
뮤지컬	Musical
미국	USA
미국 사람	Amerikaner/in
미안합니다.	Es tut mir leid.
미용사	Friseur/Friseurin
미혼	ledig
바꿔주다	jemandem den Hörer geben
바나나	Banane
바다	Meer
바닥	Boden

바람이 불다	*windig sein*
바로	*direkt*
바지	*Hose*
박물관	*Museum*
밖	*draußen*
반	*halb*
반갑습니다.	*Freut mich Sie kennenzulernen.*
반찬	*Beilage*
반창고	*Pflaster*
발	*Fuß*
발가락	*Zehe*
발레	*Ballett*
발레리노/발레리나	*Balletttänzer/in*
밝다	*hell sein*
밤	*Nacht; Kastanie*
밥	*gekochter Reis*
밥그릇	*Reisschale*
방	*Zimmer*
방문	*Besuch*
방향	*Richtung*
밭	*Acker*
배	*Schiff; Birne; Bauch*
배달	*Lieferung*
배우	*Schauspieler/in*
배추	*Chinakohl*
백	*hundert*
백만	*Million*
백화점	*Kaufhaus*
버스	*Bus*
벌	*Biene*
벌써	*schon*
베개	*Kopfkissen*
베다	*sich schneiden*
베란다	*Balkon*
베이지색	*beige*
벤치	*(Sitz-)Bank*
벨트	*Gürtel*
벽	*Wand*
변호사	*Anwalt/Anwältin*
별	*Stern*
병	Zählwort für Flaschen; Krankheit
병원	*Arztpraxis; Krankenhaus*
보내다	*schicken, senden*
보다	*(sich) etw. anschauen*
복사하기	*Kopieren*
봄	*Frühling*
봉지	Zählwort für Tüten
부러지다	*brechen*
부모	*Eltern*
부산	*Busan*
부엌	*Küche*
-부터	*ab; seit*
북	*Fasstrommel*
북쪽	*Norden*
북한	*Nordkorea*
분	Zählwort für Menschen (höflich); Minute
분홍색	*rosa*
불고기	*mariniertes Rindfleisch*
브로콜리	*Brokkoli*
블라우스	*Bluse*
비가 오다	*regnen*
비누	*Seife*
비밀번호/패스워드	*Passwort*

비빔밥	*gekochter Reis mit Gemüse, Rindfleisch, Peperonisoße und Spiegelei*
비싸다	*teuer sein*
비행기	*Flugzeug*
빨간색	*rot*
빨래	*Wäsche*
빨래하다	*Wäsche waschen*
빵	*Backwaren*
사과	*Apfel*
사과주스	*Apfelsaft*
사다	*kaufen*
사람	*Mensch, Person*
사무실	*Büro*
사물놀이	*Perkussion mit vier koreanischen Musikinstrumenten*
사이에	*zwischen*
사이즈	*Größe*
사진을 찍다	*ein Foto/Fotos machen*
사탕	*Bonbon*
산	*Berg*
산책하다	*spazieren gehen*
살	Zählwort bei der Altersangabe
살다	*wohnen; leben*
삶	*Leben*
삼겹살	*Schweinebauch*
새	*Vogel*
색	*Farbe*
생년월일	*Geburtsdatum*
생선	*Fisch*
생일	*Geburtstag*
샤워실	*Dusche*
서른/삼십	*dreißig*
서울	*Seoul*
서재	*Arbeitszimmer*
서쪽	*Westen*
서해	*West Sea*
선글래스	*Sonnenbrille*
선물	*Geschenk*
선생님	*Lehrer/in*
선선하다	*kühl sein*
설거지하다	*Geschirr spülen*
설계하다	*entwerfen; zeichnen*
설악산	*Berg Seorak*
섬	*Insel*
세 시	*drei Uhr*
세면대	*Waschbecken*
세탁기	*Waschmaschine*
셋/삼	*drei*
셔츠	*Hemd*
소	*Kuh*
소고기	*Rindfleisch*
소극장	*Kammertheater*
소금	*Salz*
소시지	*Wurst*
소파	*Sofa*
속이 안 좋다	*jdm. ist schlecht*
손	*Hand*
손가락	*Finger*
손님	*Kunde/Kundin*
쇼핑	*Shoppen*
쇼핑 센터	*Einkaufszentrum*
쇼핑하다	*shoppen*
수도	*Hauptstadt*
수영하다	*schwimmen*
수요일	*Mittwoch*
숙박	*Übernachtung*
순두부찌개	*Seidentofu-Eintopf*
숟가락	*Löffel*
숲	*Wald*
쉰/오십	*fünfzig*

슈퍼마켓	*Supermarkt*
스물/이십	*zwanzig*
스웨터	*Pullover*
스위스	*Schweiz*
스카프	*Halstuch*
스키를 타다	*Ski fahren*
스틱	*USB-Stick*
스포츠	*Sport*
스포츠 용품	*Sportartikel*
슬리퍼	*Pantoffeln*
시/분/초	Einheiten für Uhrzeitangabe - Stunden/Minuten/Sekunden
시간	*Zeit; Stunde*
시간이 있다	*Zeit haben*
시계	*Uhr*
시금치	*Spinat*
시다	*sauer sein*
시리얼	*Müsli*
식당	*Restaurant*
식빵	*Toastbrot*
식탁	*Esstisch*
신다	*anziehen* [Schuhe, Socken]
신라	*eines der drei Reiche im alten Korea*
신문	*Zeitung*
신발장	*Schuhschrank*
실례지만, ...	*Entschuldigen Sie, ...*
실례합니다	*Entschuldigen Sie*
십 분	*zehn Minuten*
십만	*hunderttausend*

쓰다	*bitter sein; aufsetzen* [Kopfbedeckung]*; schreiben*
씨	*inform.-höfliche Anrede*
아내	*Ehefrau*
아니요	*nein*
아들	*Sohn*
아래에	*unter; unten*
아빠	*Papa*
아이들	*Kinder*
아이디/사용자 이름	*Benutzername*
아이스크림	*Eis*
아주	*sehr*
아침	*Morgen*
아침 (식사)	*Frühstück*
아파트	*Apartment*
아프다	*krank sein; wehtun*
아홉/구	*neun*
아흔/구십	*neunzig*
안	*nicht*
안개가 끼다	*neblig sein*
안경	*Brille*
안녕	Begrüßung/Abschied familiär-vertraut
안녕하세요	Begrüßung inform.-höflich
안녕하십니까	Begrüßung form.-höflich
안녕히 가세요	Abschied inform.-höflich; zur gehenden Person
안녕히 가십시오	Abschied form.-höflich; zur gehenden Person

안녕히 계세요	Abschied inform.-höflich; zur bleibenden Person
안녕히 계십시오	Abschied form.-höflich; zur bleibenden Person
안에	*in; innen*
앉다	*sich setzen*
알겠습니다	*Alles klar*
알다	*kennen; wissen*
알람	*Wecker*
앞	*vorne*
앞에	*vor; vorne*
앱/애플리케이션	*App*
야구	*Baseball*
야채	*Gemüse*
약	*Medikament*
약국	*Apotheke*
약사	*Apotheker/in*
양념	*Gewürze*
양말	*Socke(n)*
양파	*Zwiebel*
어깨	*Schulter*
어느	*welche/r/s*
어느 나라 사람이에요?	*Woher kommst du?*
어느 쪽	*welche Richtung*
어디	*wo*
어떻게	*wie*
어떻게 지내요?	*Wie geht es Ihnen?*
어서 오세요	*willkommen*
어서 오십시오	*willkommen*
어제	*gestern*
언니	*ältere Schwester einer weiblichen Person*
언어	*Sprache*
언제	*wann*
언제부터	*seit wann*
얼굴	*Gesicht*
얼마	*wie viel* [Preis]
얼마나	*wie lange; wie viel* [Menge]
얼마예요?	*Wie viel kostet es?*
엄마	*Mama*
없다	*nicht vorhanden sein; nicht haben*
엉덩이	*Gesäß*
에	Bezeichnung für den Bindestrich innerhalb einer Telefonnummer
-에	*nach, in, zu* [Ortspartikel]
-에서	*in, an* [Ortspartikel]
에피타이저	*Vorspeise*
여기	*hier*
여덟/팔	*acht*
여든/팔십	*achtzig*
여름	*Sommer*
여보세요	*Hallo?* [am Telefon]
여섯/육	*sechs*
여성 패션	*Damenbekleidung*
여자	*weibliche Person*
여자 친구	*feste Freundin*
여자아이	*Mädchen*
연결하다	*verbinden*
연고	*Salbe*
연극	*Theater* [als Kunstform]
열	*Fieber; Reihe*
열/십	*zehn*
열다	*öffnen*

열쇠	*Schlüssel*
열이 나다	*Fieber haben*
열이 있다	*Fieber haben*
영	*null*
영국	*England*
영어	*Englisch*
영화	*Film*
영화관	*Kino*
옆에	*neben; nebenan*
예능	*TV-Show*
예쁘다	*schön sein*
예순/육십	*sechzig*
예약	*Reservierung, Buchung*
예약하다	*reservieren, buchen*
오늘	*heute*
오늘이 며칠이에요?	*Welches Datum ist heute?*
오다	*kommen*
오락/예능 프로	*TV-Show*
오렌지	*Orange*
오렌지 주스	*Orangensaft*
오른쪽에	*rechts*
오른쪽으로	*nach rechts*
오빠	*älterer Bruder einer weiblichen Person*
오스트리아	*Österreich*
오전	*Vormittag*
오징어	*Tintenfisch*
오징어볶음	*scharf gebratener Tintenfisch mit Gemüse*
오페라	*Oper*
오후	*Nachmittag*
온라인	*online, Online-*
옷	*Kleidung*
옷장	*Kleiderschrank*
와!	*Ausruf (Anerkennung, Staunen, Überraschung, Freude)*
와이파이	*Wifi*
와인	*Wein*
왜	*warum*
외국인	*Ausländer*
왼쪽에	*links*
왼쪽으로	*nach links*
요구르트	*Joghurt*
요리	*Kochen, Gericht*
요리사	*Koch/Köchin*
요리하다	*kochen*
요즘	*zur Zeit*
욕실/화장실	*Bad*
우리	*wir; unser/e*
우산	*Regenschirm*
우유	*Milch*
운동하다	*Sport machen*
운동화	*Freizeitschuhe*
원	*koreanische Währungseinheit*
원숭이	*Affe*
원피스	*Kleid*
월요일	*Montag*
위에	*über; auf*
유명하다	*bekannt sein*
유제품	*Milchprodukte*
유채꽃	*Rapsblüte*
유튜브	*Youtube*
으로	*mit* [Verkehrsmittel]*; nach, in* [Richtung]
-은/-는	Themapartikel
-을/-를	Objektpartikel
음료수	*Getränke*

음식점	*Restaurant*
음식코너	*Speiseecke*
음악	*Musik*
음악을 듣다	*Musik hören*
-의	Genitivpartikel
의사	*Arzt/Ärztin*
의자	*Stuhl*
이	*diese/r/s; Zahn*
-이/-가	Subjektpartikel
이거	*dies, das hier*
이끼	*Moos*
이다	*sein; heißen*
이름	*Name*
이마	*Stirn*
이메일	*E-Mail*
이분	*diese Person*
이불	*Schlafdecke*
이웃	*Nachbar/in*
이쪽으로	*hierhin; hierher*
이탈리아	*Italien*
이틀	*zwei Tage*
이혼	*geschieden*
인터넷	*Internet*
일간지	*Tageszeitung*
일곱/칠	*sieben*
일광욕하다	*sich sonnen*
일본	*Japan*
일요일	*Sonntag*
일하다	*arbeiten*
일흔/칠십	*siebzig*
읽다	*lesen*
입	*Mund*
입다	*anziehen* [Kleidung]
입력하다	*eingeben*
입술	*Lippe*
입어 보다	*anprobieren*

있다	*vorhanden sein; haben; es gibt; sich befinden*
있다 **(höflich: 계시다)**	*bleiben, sich aufhalten*
자동차	*Auto*
자리	*(Sitz-)Platz*
자연	*Natur*
자전거	*Fahrrad*
자켓	*Jacke*
작다	*klein sein*
잔	Zählwort für Gläser und Tassen, mit Getränk befüllt
잔디	*Rasen*
잔디를 깎다	*Rasen mähen*
잘	*gut* [Adverb]
잘 가	Abschied inform.; zur gehenden Person
잘 있어	Abschied inform.; zur bleibenden Person
잠깐만	*einen Augenblick*
잡지	*Magazin*
잡채	*Glasnudeln mit gebratenem Gemüse*
장갑	*Handschuhe*
장구	*Sanduhrtrommel*
장난감	*Spielzeug*
장미꽃	*Rose*
재미있다	*lustig sein; Spaß machen*
저	*jene/r/s; ich (höflich)*
저기	*da, dort*

저녁	*Abend*
저녁 (식사)	*Abendessen*
저는 한국 사람이에요.	*Ich komme aus Korea.*
저장하기	*Speichern*
저쪽으로	*dorthin*
전	*vor; koreanische Pfannkuchen*
전기레인지	*Elektroherd*
전자레인지	*Mikrowelle*
전자책/eBook	*E-Book*
전해주다	*ausrichten*
전화	*Telefon*
전화하다	*anrufen*
점심	*Mittag; Mittagessen*
점심 (식사)	*Mittagessen*
점원	*Verkäufer/in*
젓가락	*Stäbchen*
정기 구독	*Abonnement*
정말	*wirklich*
정원	*Garten*
제	*mein/e*
제육볶음	*scharfes Schweinefleisch*
제주도	*Insel Jeju*
조개	*Muschel*
조금	*ein bisschen*
조깅하다	*joggen*
조용하다	*ruhig sein*
좀	*bitte* *mal*
좀 (Abkürzung von 조금)	*bisschen*
좋다	*gut/schön sein*
좋아요	*gut; Gefällt mir*
주말	*Wochenende*
주문하다	*bestellen*
주세요	*Geben Sie mir (bitte) ... / Ich hätte gerne ...*
주소	*Adresse*
주스	*Saft*
주황색	*orange*
중국	*China*
중국 사람	*Chinese/Chinesin*
지구	*Erde*
지금	*jetzt; im Moment*
지금 몇 시예요?	*Wie spät ist es jetzt?*
지난	*vergangene/r/s*
지하	*Untergeschoss*
지하철	*U-Bahn*
직업	*Beruf*
직원	*Personal*
진찰하다	*untersuchen*
진통제	*Schmerzmittel*
집	*Haus, Wohnung; Zuhause*
징	*Gong*
짜다	*salzig sein*
차	*Tee*
참치	*Thunfisch*
창 닫기	*Schließen*
창문	*Fenster*
책	*Buch*
책상	*(Schreib-)Tisch*
책을 읽다	*Bücher lesen*
천	*tausend; Bach*
천 원	*1.000 Won*
천장	*Decke*
청소하다	*sauber machen*
체온계	*Thermometer*
체크아웃	*Check-out*
체크인	*Check-in*
초록색	*grün*

축구	*Fußball*
출발하다	*abfahren*
출연하다	*spielen, auftreten, mitwirken* [in einem Film, Theaterstück usw.]
춤추다	*tanzen*
춥다	*kalt sein*
충전기	*Ladegerät*
취미	*Hobby*
취소하다	*stornieren*
층	*Stock, Etage*
치마	*Rock*
치즈	*Käse*
친구	*Freund/in*
친구들	*Freunde*
친척	*Verwandte*
침대	*Bett*
침실	*Schlafzimmer*
카드	*Karte*
캔/깡통	Zählwort für Dosen
커피	*Kaffee*
커피숍/카페	*Café*
컨디션	*gesundheitlicher Zustand*
컨디션이 좋다	*fit sein*
컴퓨터	*Computer*
컴퓨터 자판/키보드	*Tastatur*
켜다	*an-/einschalten*
코	*Nase*
코너	*Bereich, Abteilung*
코미디	*Komödie*
코트	*Mantel*
콘서트	*Konzert*
콘서트에 가다	*ins Konzert gehen*
콜라	*Cola*
콧물이 나다	*eine laufende Nase haben*
콩	*Bohnen*
크다	*groß sein*
크로아상	*Croissant*
크리스마스	*Weihnachten*
킬로(그램)	*Kilogramm*
타다	*fahren; einsteigen*
타워	*Turm*
태권도를 하다	*Taekwondo machen*
택시	*Taxi*
택시기사	*Taxifahrer/in*
턱	*Kinn*
텔레비전/티브이/티비	*Fernseher*
토마토	*Tomate*
토요일	*Samstag*
통	Zählwort für Papierschachteln
특별	*Sonder-*
특히	*besonders*
티셔츠	*T-Shirt*
파	*Lauchzwiebel*
파란색	*blau*
파스타	*Pasta/ital. Nudelgerichte*
파일	*Datei*
파전	*Pfannkuchen mit Lauchzwiebeln*
파티	*Party*
팔	*Arm; acht*
팔 년	*acht Jahre*
팩	Zählwort für Tetrapak-Verpackungen
포도	*Traube*
포함	*inbegriffen*
표	*Ticket/Karte*

풀밭 *Wiese*
풍물놀이 *koreanische Bauernmusik*
프랑스 *Frankreich*
프로그램 *Programm*
프린터 *Drucker*
프린트/인쇄하기 *Drucken*
-하고 *und; mit (jemandem)*
하나/일 *eins*
하늘 *Himmel*
하다 *laufen* [im Fernsehen, Radio usw.]
하루 *ein Tag*
하얀색 *weiß*
하지만 *aber*
학교 *Schule; Universität*
학생 *Schüler/in*
한강 *Fluss Hangang*
한국 *Südkorea*
한국 사람 *Koreaner/in*
한국어 *Koreanisch*
한라산 *Name eines Bergs auf der Insel Jeju*
할머니 *Großmutter*
할아버지 *Großvater*
해가 나다 *sonnig sein*
해변 *Küste, Strand*
해산물 *Meeresfrüchte*
해열제 *Fiebermittel*
핸드폰 *Mobiltelefon*
허리 *Taille*
현관 *Eingangsbereich, Diele*
현금 *Bargeld*
형 *älterer Bruder einer männlichen Person*
호선 *(U-Bahn-)Linie*
호텔 *Hotel*
화가 *Maler/in*
화산 *Vulkan*
화요일 *Dienstag*
화장품 *Kosmetik*
확인하다 *bestätigen*
회 *roh zubereiteter Fisch*
회사 *Firma, Unternehmen*
회사원 *Angestellte/r*
회색 *grau*
후 *nach*
후식/디저트 *Nachtisch*
히읗 Name des Konsonanten ㅎ

Bildnachweis

Getty Images, München: **36** (GeorgeManga); **46.1** (LeoPatrizi); **46.3** (-Antonio-); **U1** (Mitch Diamond); **48.3** (Art Wager); **72.5** (Don Farrall); **72.6** (Martin Harvey); **76.1** (ManuWe); **76.2** (kedsanee); **76.5** (Zocha_K); **79.2** (hdagli); **79.4** (fcafotodigital); **80.1** (lleerogers); **80.7** (mariusFM77); **80.9** (ncognet0); **81** (Jacobs Stock Photography Ltd); **86.2** (Brian Hagiwara); **89.1** (Morsa Images); **89.2**, **95.2** (baona); **89.3** (Michael H); **92.1** (ljubaphoto); **92.2** (Andersen Ross Photography Inc); **92.3** (YinYang); **97.4** (AlesVeluscek); **97.5** (duckycards); **102.2** (istanbulimage); **102.3** (clu); **102.4**, **104.7** (DonNichols); **102.7** (FlamingPumpkin); **102.8** (skodonnell); **102.9**, **104.9** (evemilla); **104.1** (AndyL); **104.2** (dem10); **104.3** (Floortje); **104.6** (Creative Crop); **110.2** (stockcam); **110.4** (DNY59); **110.5** (CGinspiration); **112.2** (Hinterhaus Productions); **112.6** (imaginima); **114.1** (RUNSTUDIO); **114.6** (andresr); Gettyimages, : **U1** (Chaiwat Trisongkram); **U1** (EUN KYOUNG JUNG); Shutterstock, New York: **116;** 119.4 **(Ki young); U1** (photo_jeongh); **16**, **54.3** (PR Image Factory); **18.1** (Blue Planet Studio); **18.2** (mentatdgt); **22** (Durch); **27.1** (Have a nice day Photo); **27.2**, **27.6**, **32**, **54.7** (imtmphoto); **27.3** (dach_chan); **27.4**, **56.7**, **75**, **90.1** (Tom Wang); **27.5**, **28.3** (metamorworks); **28.1** (Gorodenkoff); **28.2** (alexkich); **28.4** (Akkalak Aiempradit); **28.5** (liza54500); **28.6** (Chintung Lee); **37.1** (rawf8); **37.2** (Kicking Studio); **39.1**, **39.4** (Andrew Angelov); **39.2** (Peter Horrox); **39.3** (Hafizussalam bin Sulaiman); **39.5** (kenkuza); **39.6** (Maxfromhell); **42** (theshots.co); **45** (leungchopan); **46.2** (ziggy_mars); **47.1** (Yoko Design); **47.2** (Look Studio); **48.1** (D_K); **48.2** (Take Photo); **48.4** (S Kozakiewicz); **48.5**, **48.8** (NGCHIYUI); **48.6** (Jung U); **48.7** (Markus Mainka); **52** (2p2play); **53.1** (Maria Tsantari); **53.2**, **59.3**, **106** (Dragon Images); **53.3** (Alen thien); **53.4** (brigitte quintero); **54.1** (Kampon); **54.2**, **122.7** (Johnathan21); **54.4** (Fusionstudio); **54.5** (r.nagy); **54.6** (rullala); **54.8** (LegoCamera); **56.1** (LightField Studios); **56.2** (sattahipbeach); **56.3** (dindumphoto); **56.4.4** (Naumova Ekaterina); **56.5** (goodluz); **56.6** (Nadya Chetah); **56.8** (BUGNUT23); **56.9** (Wlad Go); **59.1** (takayuki); **59.2** (kazuya goto); **60** (Sushiman); **61.1** (Jacob Lund); **61.2** (CJ Nattanai); **62.1** (Rainer Lesniewski); **62.2** (ShadeDesign); **63.1** (sungsu han); **63.2** (Elizaveta Galitckaia); **63.3** (raker); **63.4** (kikujungboy CC); **63.5** (Avigator Fortuner); **63.6** (FootageLab); **66** (Ivanko80); **67.1** (Em7); **67.2** (worawit_j); **67.3** (Evgenyrychko); **70** (Biro aka Karati); **71.1** (ultimathule); **71.2** (djgis); **71.4** (elen_studio); **72.1** (VanderWolf Images); **72.2** (Super Prin); **72.3** (mariait); **72.4** (suns07butterfly); **74.1** (Brent Hofacker); **74.2** (Image Republic); **74.3** (airdone); **76.3** (Somchai Som); **76.4** (Mariyana M); **76.6** (matkub2499); **79.1** (Darat2018); **79.3** (pranom panyacharoen); **80** (kulyk); **80.2** (MarySan); **80.3** (N. Galiev); **80.4** (Gts); **80.5** (imwaltersy); **80.8** (Evgeny Karandaev); **83** (one_clear_vision); **86.1** (Svetlana Serebryakova); **86.3** (Maks Narodenko); **86.4** (M. Unal Ozmen); **86.5** (Tetyana Kaganska); **86.6** (Steve Heap); **88** (Kabardins photo); **90.2** (Galileo30); **90.3** (Irina Bg); **90.4** (logoboom); **90.5** (schankz); **90.6** (Valentina Razumova); **90.7** (Big Foot Productions); **90.8** (rvlsoft); **92.4** (aslysun); **92.5** (9nong); **92.6** (Csaba Deli); **93.1**, **93.4** (BlueRingMedia); **94** (Creativa Images); **95.1** (N U S A R A); **95.3** (Justinboat.29); **97.1** (Sunflowerr); **97.2** (Karjalas); **97.3** (RACOBOVT); **97.6** (s-ts); **102.1** (Karkas); **102.5** (Magdalena Wielobob); **102.6** (Olga Popova); **104.4** (Biskariot); **104.5** (Grapherholic); **104.8** (gresei); **107.1** (Bardocz Peter); **107.2** (Ilya Bolotov); **108.1** (iProPav); **108.2** (Erick Thompson); **108.4** (Lenin Graphics); **108.5** (Rawpixel.com); **108.6** (Dibaliklayar Studio); **108.7** (Beny1); **108.8** (DindaUlfah); **108.9** (Rashad Ashur); **110.1** (Goran Bogicevic); **110.3** (Andrii A); **112.1** (siso_seasaw); **112.3** (photopia90); **112.4** (sunstock); **112.5** (New Africa); **114.2** (nimito); **114.3** (Africa Studio); **114.4** (Voyagerix); **114.5** (kazoka); **117** (wizdata); **119.1** (Zety Akhzar); **119.2** (TierneyMJ); **119.3**, **119.6** (BrAt82); **119.5** (JoeZ); **122.1** (karakotsya); **122.2** (Randy Miramontez); **122.3** (Artur Didyk); **122.4** (Den Rozhnovsky); **122.5**, **122.8** (Igor Bulgarin); **122.6** (sayan uranan); Thinkstock, München: **71.3** (Reinhold Foeger)